Brunnen
Lyne
Neffoud oder
Ghorek ed Dessa
Djerdawye
El Badje
El Mawat
El Heymedj
Abou Kheshey
Sandige
Ebene
Hanakye
Brunnen
Mosneb
Rass
Kabara
Aneyzy
Sarr
Shebeyob
Ayoun
K A
Wüste von
W. Saar
Woshem
NEDJED EL
A R E D
DERAY
Derye
Dj Kora
Akrab
TAYF
Rass el Kora
Nimre
Abbasa
Djedara
Mekhra
Esserrar
Berahrah
Wady Aly
Meshnye
Kolakh
Raghdan
Korn el Maghsal
Al Zahera
El Roheyta
Zohran
Adama
Mokhowa
Tabala
Nedjran
Shagga
El Hasba
Doga
El Asabely
Taraba oder
Toroba
Beni Shehra

Hağar Spohr

Die Reise nach Mekka

HAĞAR SPOHR

Die Reise nach Mekka

Eine deutsche Frau erzählt von ihrer Pilgerfahrt ins Herz des Islam

Mit einem Geleitwort von
Annemarie Schimmel

VERLAG GORSKI & SPOHR

Die Deutsche Bibliothek – CIP-Einheitsaufnahme

Spohr, Hağar:
Die Reise nach Mekka : eine deutsche Frau
erzählt von ihrer Pilgerfahrt ins Herz des Islam / Hağar Spohr.
Mit einem Geleitw. von Annemarie Schimmel. –
Bonndorf im Schwarzwald : Gorski und Spohr, 1998
ISBN 3-927606-04-9

1998
ISBN 3-927606-04-9

Druck und Bindung: Ebner Ulm
Printed in Germany.

INHALT

ERSTER TEIL

AUF DEN SPUREN DER PILGER

ZWEITER TEIL

DIE RITEN DES ḤAJJ

DRITTER TEIL

DER HEIMWEG

GELEITWORT

Berichte von Pilgerfahrten nach Mekka sind uns aus früheren Jahrhunderten von frommen Muslimen aus der orientalischen Welt überliefert, und im 19. und 20. Jahrhundert haben einige kühne europäische Reisende, wie RICHARD BURTON, SNOUCK HURGRONJE, J. C. BURCKHARDT, sich verbotenerweise in Mekka aufgehalten und ihre Eindrücke von dort berichtet. Aber es ist etwas anderes, die Eindrücke einer jungen deutschen Muslimin zu lesen, die vor einigen Jahren die Pilgerfahrt unternommen hat und nun mit Begeisterung und Hingabe von ihren Erfahrungen erzählt. Der Bericht läßt den Leser spüren, wie tief der Eindruck ist, den ein tiefgläubiger Mensch, eingewiesen unter der Leitung eines Sufi-Meisters, dort gewinnt, und man kann sich dieser hingebenden Frömmigkeit schwer entziehen. Interessant ist, wie die alten Legenden, die sich um Mekka und andere heilige Orte gebildet haben, wiedererzählt werden; so erhält der Leser einen Einblick in Traditionen, die Millionen von Menschen teuer sind, so, wie bei uns die Heiligenlegenden einen Teil der mittelalterlichen Kultur bildeten.

Wir hoffen, daß das Buch dem deutschen Leser einen Einblick in das Seelenleben einer Muslimin gewährt, die glaubensvoll und liebend die Pilgerfahrt nach Mekka vollzogen hat, die einer der „fünf Pfeiler des Islam" ist und die jeder gläubige Muslim zu vollziehen hofft.

Annemarie Schimmel

ERSTER TEIL

AUF DEN SPUREN DER PILGER

I. SEIN THRON ÜBER DEM WASSER

Mekka ist unter den heiligen Stätten des Orients und überhaupt der Welt ein ganz besonderer Ort. Jedes Jahr machen sich einige Millionen Pilger zur *ka'ba* auf, dem Hause Gottes. Tausende umkreisen dann jederzeit den hausgroßen Würfel entgegen dem Uhrzeigersinn, machen *ṭawāf*, siebenmal zur Begrüßung und siebenmal, bevor sie die Heimreise antreten, in der Zwischenzeit so viele Ṭawāfs wie möglich. Auf weißem glänzenden Marmor gleiten wir barfuß in der Menge der Gläubigen, Männer und Frauen aus allen Teilen der Erde.

Einmal in Mekka gewesen zu sein, ist für jeden Gläubigen höchste Pflicht und größter Wunsch, bedeutet der *ḥajj*, die Pilgerreise, doch soviel wie eine Neugeburt im Geiste des Islam, der Religion, in der es gilt, Ereignisse dieser Welt als Ausdruck des Willens Gottes anzunehmen, ihn in allen Handlungen zu erfüllen. „Ja", hatte Großsheikh 'Abdullāh Fā'iz ad-Daghistānī – möge Allāh seine Seele heiligen – gesagt, „ihr müßt alle Dinge, die euch geschehen, als Seine Handlung betrachten."

Schweißüberströmt und erschöpft, aber selig, lehne ich an einer marmornen Säule im erfrischenden Luftzug unermüdlich schwirrender Ventilatoren, umgeben von Pilgern, mit Blick auf das größte Heiligtum der islamischen Welt: die Ka'ba. Sie ist es, nach der sich die Muslime aller Länder der Erde im Gebet ausrichten. Nur Meter von dem entfernt, was die Gläubigen „Fuß des Thrones Gottes" nennen, sitze ich nach Wochen anstrengender Reise und der Überwindung mancher Widerstände an einem großen Ziel, und doch ist es ein Rätsel: Wie kommt es, daß ich, Tochter ganz normaler deutscher Eltern, Großeltern und Urgroßeltern, hierhergefunden habe, an eine Stelle, die von Hunderten von Millionen Menschen für den Nabel der Welt gehalten wird und den meine Eltern nicht kannten und nie gesehen hatten? Ist es der Herr Abrahams, Mose, Jesu und Muḥammads, der Friede sei auf ihnen allen, der mich glücklich zu diesem Ort Seiner Anbetung hat gelangen lassen? Waren es Seine Engel, Heiligen und Sheikhs, die mich den Weg geleitet haben?

Es war eine Reise, die nicht ohne Gefahren und Schwierigkeiten gewesen war, und Gott wußte, was uns noch erwarten sollte. Aufgebrochen von einem kleinen Dorf im Schwarzwald, nach einer langen Fahrt im Bus mit rund vierzig Brüdern und Schwestern aus Deutschland und Holland frage ich mich: Warum, wieso, weshalb? – So nachdrücklich sich diese Frage stellt, so schnell verblaßt sie auch wieder, wird die Eingeschränktheit ihrer Bedeutung offenbar. Bilden wir uns ein, dem Schöpfer in die Karten gucken zu können? Erweist sich unser Streben nach Sicherheit nicht vielmehr als ein Ausdruck des Mangels an Vertrauen? Fast schäme ich mich der Neigung, meiner Sache so sicher sein zu wollen. Dabei ist es gar nicht möglich und vor allem nicht einmal nötig, es so ganz genau zu wissen: Ein zartes Gefühl des Glücks, der Dankbarkeit und Liebe hat jene Grübelei schon längst zum Verschwinden gebracht. Es ist wunderbar, jetzt hier zu sein, jetzt genau hier zu sein.

Der fröhliche Blick einer Dame aus Afrika streift den meinen. Es scheint, sie weiß genau, wie ich mich fühle. Und ich hätte wirklich den besten Grund, den es gibt, ein todernstes Gesicht zu machen. Denn was wäre ein besserer Grund, mit einer Leidensmiene herumzugehen, als der, daß man vor Glück innerlich platzen möchte, aber niemanden neidisch machen will! Doch das scheint hier gar nicht nötig zu sein, weil es so aussieht, als hätte ein jeder das große Los gezogen. Preis sei Gott! Und die schönsten Sachen erhalten wir zum Geschenk, ohne daß wir es verdient hätten oder es auch nur nötig wäre, es verdient zu haben. Und Er mag es, wenn Seine Diener fröhlich sind, *alḥamdulillāh*. Es war wie die Erfüllung eines Gebetes, das gelautet hatte oder zumindest hätte lauten können: „O Gott, sei nicht gerecht mit uns, sondern barmherzig!"

Der Harām ash-Sharīf, der heilige Moscheebezirk um die Ka'ba, spendet angenehme Kühle. Und ich beobachte die Menschen, die die Ka'ba umkreisen. Braune, Schwarze, Weiße, Junge, Alte, Männer, Frauen, einige Kinder, selbst Babys auf den Armen ihrer Mütter und in Tücher gewickelt. Gebrechliche werden auf Sänften gebracht. Die Pilger sind in weiße baumwollne um Hüfte und Schulter geschwungene Tücher gehüllt, die Frauen tragen lichte sonnenabweisende Kleider, Afrikanerinnen solche in kräftigen Farben. Rundlich weiche und scharfgeschnittene schmale Gesichter. Auffallend sind die Männer in orangefarbenen Overalls. Sie gehören zum Reinigungsdienst und versorgen orangene Wassertanks mit eisgekühltem Wasser. Und gerade will ich mich zu so einem Gerät hin aufmachen, da überreicht mir ein kleiner dunkelhäutiger Junge einen Plastikbecher kalten Wassers. Und fast bevor ein Dankeswort ihn erreicht, ist er schon wieder bei seiner Mutter, die aus einiger Entfernung freundlich nickt...

Zahlreich sind in diesem Jahr die Besucher aus westlichen Ländern: fröhliche Begrüßung und Beglückwüschung derer, die unter vielen dunkelfarbigen Pilgern als Europäer leicht zu erkennen sind. Und wir aus der Bundesrepublik Deutschland Angereisten erweisen uns, es ist kurios, als die wahren Exoten des gläubigen Orients. Unzählige Male wurden wir gefragt, woher wir kommen, und unzählige Male zauberte die Antwort ein Lächeln auf die Gesichter der Fragenden. Sie sind glücklich, und sie lieben uns schlicht dafür, daß wir da sind, gekommen aus Almāniyā West, dem Land der Mercedesse und des Fußballweltmeisters: „Almāniyā, number one!“ Noch niemals zuvor in unserem Leben hat unsere bloße Existenz solch ein Glück verbreitet.

Wenn ich wieder zu Hause bin, möchte ich von dieser Reise in das Herz des Islam erzählen, von den Abenteuern in der Reihenfolge berichten, wie sie sich ergaben. Jetzt aber will ich noch eine kurze Zeit am Ziel der Fahrt verweilen. Vom kühlen Trunk auf den Geschmack gebracht, wende ich mich nach unten den Gewölben der *zam-zam*-Quelle zu, der herrlichsten Erfrischung, die man sich denken kann. Wie ist es möglich, dies köstliche gesegnete Wasser an einem sonst so trockenen Ort!

*
* *

2. DIE ENTSCHEIDUNG

Sheikh Mustafa Trautmann von Sylt, möge Allāh seine Seele heiligen, hatte uns frischgebackenen Muslimen von Sheikh Nāẓim erzählt und gesagt: „Er erwartet euch, ihr müßt zu ihm nach Zypern fahren und heiraten. Ihr seid eingeladen."

Wie konnte uns jemand einladen und erwarten, den wir überhaupt nicht kannten und von dem wir annehmen mußten, daß er entsprechend auch uns nicht kannte? Solche Zweifel jedenfalls erscheinen innerhalb dessen, was wir gelernt und erfahren hatten, als angebracht und mit bisher gemachten Erfahrungen zumindest als verträglich. Damals wußten wir noch nicht, daß wir einmal Dinge erleben würden, die unser Weltbild der Selbstverständlichkeiten im Rückblick als das von Betonköpfen erweisen würden, unbarmherzig und in der Ablehnung des Wunderbaren voller Trotz.

In diesem Fall lernten wir etwas Neues: Nicht nur, daß jemand „auf der Suche" sein kann, wie ein Schüler einen Lehrer sucht, und ihn, so Gott will, findet: Auch der Lehrer sucht seine Schüler. Wer also ernsthaft auf der Suche nach einem Lehrer ist, von dem gilt, daß er sich wohl von einem solchen finden lassen müsse. Vielleicht böte es sich da an, eine allzu starr angelegte Suche aufzugeben, um dann um so leichter gefunden werden zu können. Diesen Rat hatte Franz Kafka gegeben, als er an – war es seine Schwester? – schrieb: „Wer sucht, der findet nicht, wer nicht sucht, wird gefunden."

Und wie wird man gefunden? – Großsheikh ʿAbdullāh Fā'iz ad-Daghistānī, der Meister Sheikh Nāẓim Efendis, hatte gesagt, es sei wie beim Walfang, anfangs würde die Leine noch lang gelassen, aber wer einmal getroffen wurde, der hänge fest – im ehrenwerten Fangnetz der Weggefährten, deren edle Mitglieder keine geringeren sind als Sheikhs, Heilige und Propheten. „Niemand kann meiner Hilfe entgehen", hatte Sheikh Efendi einmal gesagt. Und, was vielleicht noch schöner ist: Niemand werde abgewiesen. „Wer etwas werden will, soll zur Universität gehen und Doktor werden. Wer nichts werden will, soll zu uns kommen."

Ich hörte mir die Tonbandaufnahme einer Rede des Sheikhs an: „Es ist wichtig zu wissen, warum die Propheten zu den Menschen gesandt wurden: Um aus den wilden Menschen die besten zu machen. Das ist die Erlaubnis, die den Propheten gegeben wurde, der Friede sei auf ihnen allen. Aber die meisten Menschen laufen weg vor den Propheten. Sie wollen frei sein und ohne Disziplin. Unsere Egos wollen auch keine Disziplin haben, das ist der Grund, warum sie weglaufen. Das ist auch der Grund, warum der Islam westlich Verwöhnten gelegentlich so bitter schmeckt, da er in Wirklichkeit ein wunderbares Heilmittel ist, voller Klarheit und Wert und auch voller Süße. Aber ohne Disziplin kann man nicht gut werden. Die Methode des Propheten war immer die direkter göttlicher Lehre. Der Prophet Muḥammad, Friede sei auf ihm und seiner Familie und Segen, tat nichts oder sagte nichts ohne göttliche Weisung. Die beste Methode des Propheten, um die beste Gemeinschaft zu schaffen, war: Er lehrte, zuerst wirkliche Geschöpfe in diesem Leben zu sein. Er erzählte von *dunya*, dem Weltlichen, und dann baute er die beste Gemeinschaft auf. Wenn die Menschen nicht glauben, halten sie fest an der Dunya. Für die Ungläubigen ist dieses Leben alles. Wenn du etwas Neues bilden willst, mußt du das Alte erst zerstören. Dieses Leben und seine zeitlichen Freuden wurden erst hinweggenommen, und dann wurde der Glaube aufgebaut. Erst gab er eine Beschreibung von Dunya und dann eine Beschreibung des ewigen Lebens. Er wurde beauftragt, die Menschen zu reinigen, körperlich und im Herzen. Halte deine Kleidung rein, reinige deinen Körper und dann dein Herz. Es ist unmöglich, dein Herz von Dunya zu reinigen, wenn du nicht weißt, was Dunya ist. Allāh erklärt immer wieder im heiligen Koran: *Diese Welt, Dunya, ist wertlos wie der Flügel einer Mücke.* Die Menschen sind hungrig nach Dunya. Sie sind nie zufrieden. Wenn man eines hat, will man ein Zweites und dann ein Drittes. Wenn du um Vervollkommnung bittest, mußt du glauben! Solange man das Herz nicht reinigt, gelangt man nicht zum wirklichen Glück und Frieden. Allāh schaut immer in eure Herzen. Wir müssen wissen, was Dunya ist und für wen es ist."

Das war starker Tobak für einen „frei" erzogenen westlichen Menschen. Und eine Kollision mit dem Ideal des kostbaren Individuums und der Selbstbestimmtheit eines aufgeklärten Mitgliedes unserer Gesellschaft schien unvermeidlich, hatte ich doch zur Studienzeit als kleine rote Zelle das Banner der Frauenbewegung getragen und mich einer neuen Autonomie verschrieben – und noch heute stört es mich, wenn mein Mann gegen die feministische Linguistik – Stichwort „Fahrgästin" – wettert. Sollte das alles vergeblich gewesen sein?

Die Striktheit und Klarheit in den Worten des Sheikhs unterschieden sich wohltuend von der Kompliziertheit und Beliebigkeit bisher gepflegter Deutungen, eitler Diskurse und stolzer Ansprüche. Die Weisheit und Liebe dieses Mannes und seine einfache Sicht der Dinge wirkten nur auf den ersten Blick als unerhörte Neuerung, da sie mich tatsächlich doch an Altvertrautes, nur längst Vergessenes erinnern. Ich kann verstehen, daß die Klarheit dieses Menschen in unserer Zeit als Provokation empfunden werden kann. Doch wer sie als unbarmherzig mißversteht, sollte sich fragen, wie es denn kommt, daß er so fröhlich ist und seine Schüler eine solche Heiterkeit verbreiten. Wie kann das sein bei Leuten, die sich einer „strengen" Regel unterwerfen? Wo bleiben die Schatten der Knechtschaft des Apodiktischen? Wichtig war nur eines: Würden wir glücklich werden, wenn wir uns als Geschöpfe unseres Schöpfers wiederentdeckten, eines Schöpfers, der uns liebt und nach uns schaut?

Hatten wir zur Zeit des Studiums alles Mögliche mit konkurrierendem Anspruch gelesen, so war dabei doch die Sehnsucht gewachsen, einmal ein Buch zu finden, in dem „alles drin" war, das die wirklich wichtigen Dinge des Lebens und Sterbens enthielt. Ich glaube, ich kann sagen, von einem solchen Buch gefunden worden zu sein. Es ist der Heilige Koran. In ihm spricht unser Schöpfer den Zweck aus, zu dem er uns geschaffen hat: *wa mā khalaqtu l-jinna wa l-'insa 'illā liya'budūn.* „Und nicht erschuf ich die Jinn und die Menschen als dazu, daß sie mir dienen." Ich ahnte eine Fülle von Möglichkeiten eines neuen Daseins. Doch noch war sie mir fremd, die „Freiheit der Dienenden". Dabei stimmt es ja wohl – uns allen ist mehr oder weniger bewußt –, daß wir in einer Zeit tiefer Respektlosigkeit leben, da Kinder immer seltener auf ihre Eltern hören, Krankheiten nicht mehr den Arzneimitteln gehorchen, die Menschen nicht mehr ihrem Schöpfer. Da gilt es, umzuschwenken, Reue zu zeigen, *tauba,* Umkehr, zu üben. Es gilt, den Eltern Respekt zu erweisen, den Brüdern und Schwestern, besonders die Jüngeren den Älteren, die Schüler den Lehrern, die Muriden den Sheikhs...

„Niemand kann meiner Hilfe entkommen", hatte der Sheikh gesagt. Was sollte das bedeuten, und was war das für eine Verbindung mit dem Sheikh, den wir noch gar nicht kannten? Die klare Antwort lautet: Eigentlich wissen wir es nicht, sondern nehmen gelegentlich nur deren Wirkung wahr. Genau gesagt: Wir deuten bestimmte Ereignisse als Folgen einer solchen Verbindung. Dazu gehört, daß unser Sheikh Sachen von uns zu wissen scheint, von denen man annehmen muß, daß er sie gar nicht wissen kann. Immer wieder sollten wir von seiner Voraussicht überrascht werden. Einmal beispielsweise läßt er uns in London einen verschlossenen Umschlag mit Geld für unsere Rückreise nach Deutschland zukommen. Nach einer komplizierten Abrechnung mit einem halben Dutzend Leuten der Fahrgemeinschaft erweist sich der Betrag schließlich haargenau als der, den wir brauchen. Viele Leute des Ordens haben ähnliche Erfahrungen gemacht und können wahrhaft erstaunliche Dinge erzählen. Nun aber stand Sheikh Muṣṭafa vor der Tür, leuchtend vor Begeisterung, und es schien, als spiegelte sich in ihm ein Sheikh, der Maulānā Efendi sein konnte.

Was waren ein Sheikh, der Islam, Sufis? Wir würden uns, so beschlossen wir, nicht mit blasser Theorie zufriedengeben, nicht damit, uns beschreiben zu lassen, wie Honig schmeckt. Es war an der Zeit, zu kosten. Dies war die erste Reise von „Doctor Eric Salīm", wie Sheikh Nāẓim ihn in der Zeit auf Zypern zu rufen pflegte, und mir, seiner Frau Hağar, zu unserem Sheikh nach Lefke, einem Dorf im türkischen Teil Zyperns, die erste wirkliche Begegnung mit dem Islam. Und um etwas „vorweisen" zu können, hatte ich, die ich nie etwas mit Religion zu tun gehabt zu haben glaubte, zungenbrecherich einige Suren aus dem Koran auswendig gelernt: *„alam nashraḥ laka saḍrak wa wada'nā 'anka wizrak ... fā inna ma'al 'usri yusran, inna ma'al 'usri yusra...*" – „Haben Wir dir nicht deine Brust geweitet und dir deine Last abgenommen... Wahrlich, mit dem Schweren kommt das Leichte, ja, mit dem Schweren kommt das Leichte..." Dieser Koranvers bezieht sich auf eine Geschichte des heiligen Propheten Muḥammad, Allāh segne ihn und schenke ihm Heil, da er als Kind von zwei Engeln besucht wurde, die seinen Leib öffneten und sein Herz reinwuschen. Eine seltsame Vorstellung, fand ich, aber die arabischen Klänge des Qur'ān gefielen mir einfach so gut.

Wir waren auf dem Landweg mit einem klapprigen Ford Transit unseres Bruders 'Abd al-Majid, den seine Frau nicht hatte mitfahren lassen wollen, nur zu dritt unter der Leitung Sheikh Musṭafa Trautmanns von Freiburg nach Zypern aufgebrochen. Und es war – Gebete an Autobahnraststätten oder Müllkippen und an jeder Grenze die Frage nach dem zu Hause in Freiburg gebliebenen Eigentümer dieses Autos – eine abenteuerliche Reise mit einer stürmischen Überfahrt von Mersin nach Famagusta gewesen. In Famagusta hatte es geheißen, der Sheikh sei zu Hause in Lefke. Und in Lefke erfuhren wir dann, daß er in Famagusta war.

Aber am nächsten Tag empfing er uns in seinem Garten. Er saß dort mit einem türkischen Gast und schälte den Gästen seine Orangen. Salīm wurde vor ihn gesetzt und bekam vom Sheikh eine geschälte Orange. Und er aß sie mit großem Behagen. Wer sich mit Orangen auskennt, weiß, daß es auf der ganzen Welt keine besseren gibt als die von Zypern, und zwar genau des Land-

Sheikh Nāẓim in seinem Garten

strichs, wo die Plantagen unseres Sheikhs liegen. Seine erste Frage an Salīm hatte gelautet: „Are you German?" „Bist du Deutscher? Auf die bejahende Antwort Salīms hatte der Sheikh den Kopf geschüttelt und lächelnd gesagt: „No, you are not German!" Und er hatte mit einem Seitenblick auf einen deutschen Bruder, der alles, was Sheikh sagte, akribisch notierte, erklärt: „Germans are so serious! Never smiling." Und beide hatten gelacht.

Ich wurde als Salīms Braut vorgestellt. Kaum daß der Sheikh einen Blick auf mich warf, kommentierte er: „Very suitable."

Und ich war doch milde geschockt. Ich hatte damit gemeint sein sollen!? „Suitable", „passend", „kleidsam"? – sagte man das nicht von Kleidungsstücken? Ja, es schien zwar, ich wäre als Frau sehr geeignet für meinen Mann. Doch war er es auch für mich?

Wir vertrauten einem Mann, den wir zum ersten Mal sahen, von dem es uns aber schien, als ob er uns schon lange kannte. Einem, der so viele Gesichter annehmen kann, meistens sehr freundlich ist, aber manchmal auch böse mit Leuten schimpft. Er kümmert sich um jeden einzelnen, und wer sich nicht vordrängt, kommt am ehesten dazu, seinen Rat zu erfragen. Und oft, wenn er etwas rät oder beschließt, verstehen die Angesprochenen nicht oder wollen es nicht verstehen oder verstehen etwas völlig anderes. So gibt es regelmäßig eine Menge Mißverständnisse und Deuteleien. Denn oftmals werden die Antworten von Leuten wie uns nicht akzeptiert, weil wir nicht gewohnt sind, darauf zu vertrauen, daß uns jemand zu dem rät, was für uns das Beste ist – zumindest tun wir das nicht mehr, seitdem wir „erwachsen" sind. Immer wieder aber ist ein eigentümliches Spiel zu beobachten: Du fragst und quittierst Sheikhs Antwort gleich mit dem berühmten „Ja, aber..." Und Sheikh kommt mit einer neuen Lösung, und nach einem neuen „But, Maulānā..." mit einer dritten, einer vierten und einer fünften, wenn es sein muß, auch mit einer sechsten und einer siebenten, einer achten, neunten oder auch einer zehnten. Mit der ersten Antwort bietet er dir an, was das Beste für dich ist. Kannst du das Beste nicht tragen, gibt er dir das Zweitbeste. Kannst du auch das nicht tragen, gibt er dir das Dritt-, Viert-, Fünft- und schließlich das, was du tragen kannst oder willst, und sei es das Zehnt- oder Hundertstbeste. Ja, so ist unser Sheikh, und so sind wir. Unter Hunderten von Brüdern und Schwestern brauchte man nicht zu meinen, die Aufmerksamkeit des Sheikhs erregen zu müssen, um Antwort zu bekommen. Es kam ohnehin alles anders, als man dachte.

Das Haus des Sheikhs war in einen Männer- und einen Frauentrakt geteilt, die Frauen durften auch in den Männerteil, die Männer umgekehrt jedoch nicht so ohne weiteres in den Frauenteil. „Sit, sit", sagte Sheikhs Frau Ḥajji Amina zu mir und einigen Frauen, die zu ihr zu Besuch gekommen waren. Sie war es schon gewohnt, daß ständig neue Besucher kamen, irgend etwas wissen wollten und viele Fragen stellten. Wurde es ihr zuviel, winkte sie nur ab: „Too much talking." Sie bat uns, auf der Couch im Innengarten des Hauses Platz zu nehmen; und da saßen wir nun und brüteten in Gedanken vor uns hin. Ab und zu nickte sie uns freundlich zu, ansonsten beachtete sie uns wenig. Einige Frauen halfen ihr beim Aussortieren von Hülsenfrüchten, bei der Essenszubereitung. In einem Zimmer besuchten wir die alte „Tese", eine Greisin, die bis zu ihrem Tode im Hause lebte und gepflegt wurde. Da plötzlich kam Sheikh, alle springen auf und legen zur Begrüßung die Hand auf die Brust. Er hatte mit seinen Gästen gerade im Männerteil das Mittagsgebet beendet, nickt uns nun freundlich zu und leitet für die Frauen noch einmal das Gebet hier im Frauenbereich.

Am Abend sitzen wir im Gebetsraum mit Sheikh und einer Menge anderer Leute zusammen. Und der Sheikh gab uns auf eine Anfrage Sheikh Musṭafas muslimische Namen. Zuerst mir den Namen Haǧars, der zweiten Frau Abrahams. Dann erhielt Salīm seinen Namen, der soviel wie „klar, gerade, aufrichtig, rein" bedeutet. Diesen Wortsinn quittierte eine ältere Dame später einmal – Namen sind ja wie Programme – mit dem Ausruf: „Oh, da haben Sie aber ein schönes Programm!"

Am Morgen des folgenden Donnerstags wurde uns bekanntgegeben, wir möchten uns am Abend bereithalten: Wir sollten nach islamischem Ritus getraut werden. Es ist beliebt, diesen Zeitpunkt zu wählen, da die Nacht von Donnerstag auf Freitag als „heilige Nacht" gilt – der Freitag ist ja der Feiertag der Muslime. In einer heiligen Nacht etwas Gottgefälliges zu tun, las ich in einem spirituellen Buch, sie zu durchwachen und Gebete zu sprechen, soll das Herz zu neuem Leben erwecken. Es ist auch die ideale Nacht für eine Hochzeit. Sheikh Nāẓim hatte gesagt: „Wenn zwei Menschen in der Hochzeitsnacht zusammenkommen, vergibt ihnen Allāh alle ihre Sünden, so sehr liebt Er die Ehe." Die Ehe sei „die halbe Religion", habe der Prophet erklärt und seine Gefährten in Erstaunen gesetzt, als er ihnen sagte, es gebe im Himmel eine Belohnung für jeden Akt der Vereinigung zwischen einem Mann und seiner Frau, und wenn Ehemann und Ehefrau einander die Hände hielten, „entweichen ihre Sünden durch ihre Fingerspitzen..." Und wenn immer ein Brautpaar getraut wird, können die schon Verheirateten daran so teilnehmen, daß ihre Ehen erneuert werden. Die islamische Vorstellung von der Ehe ist so attraktiv, daß einige Leute sicher schon aus diesem Grund Muslime geworden sind.

Ich ging mit den anderen Frauen zu Zeros Haus – Schwester Zero wurde mir als Sheikhs Sekretärin vorgestellt –, wo wir im Garten zusammensaßen und einen Plausch hielten. „Wird sich dein Leben sehr verändern?" fragte sie. Ich versuchte, mir nichts vorzustellen, und machte eine abweisende Bemerkung. Zero bewirtete uns mit türkischem Essen und bot mir zum Abschluß ihr Hamam an, damit ich ein Bad nehmen könnte. Die Zeit rückte näher, und bevor wir zur Moschee gingen, sagten mir die Frauen, ich sollte noch einmal zu Ḥajji Amina, Sheikhs Frau, gehen. Sie begrüßte mich herzlich, ging kurz ins Haus zurück und überbrachte mir als Geschenk ein schönes neues Kopftuch mit einem aus Silberfaden gestickten Bild der Prophetenmoschee in Medina und arabischen Schriftzügen darauf und legte es mir über. Ich nahm ihre Segenswünsche entgegen, doch konnten wir uns nicht näher unterhalten, da unsere gemeinsamen Sprachkenntnisse zu gering waren. Wir gingen die Straße entlang bis zur Moschee, die nur einige hundert Meter entfernt liegt. Dort setzte ich mich zu den anderen Frauen auf eine kleine Empore an der rechten Seite. Allmählich kamen noch mehr Männer und Frauen in die Moschee, die Frauen nahmen ebenfalls auf der Empore Platz, einige saßen still da, nahmen ihr Tesbih zur Hand und begannen, eine Perle nach der anderen abzuzählen. Eine türkische Frau kam ganz dicht zu mir und fragte, ob ich es sei, die heiraten würde. Türkischsprachige deutsche Schwestern halfen bei der Verständigung. Die Frau bedeutete mir mit ihrem Gesichtsausdruck und ihren Gesten Lob und Bestätigung, und ich dankte herzlich. Doch heimlich mußte ich über mich lachen, wie ich auf einmal so heilig dasaß und heiraten würde... Sheikh war inzwischen gekommen, alle Anwesenden erhoben sich und stimmten einen Lobpreis auf den Propheten Muḥammad an, Allāh segne ihn und schenke ihm Heil. Salīm saß vorne bei ihm, umgeben von vielen Männern, und wir waren gespannt, wie es jetzt weitergehen würde – ob ich jetzt wohl vor versammelter „Mannschaft" nach vorne gehen müßte? Nein, Gott sei Dank nicht. Ein beliebter islamischer Brauch ist es, daß ein Beauftragter der Frau sie bei der Eheschließung vor der Versammlung vertritt. Yaḥyā, der Mann von Jamalīa, einer befreundeten Schwester aus Freiburg, sollte diese Aufgabe übernehmen. „*As-salāmu ʿalaikum,* Sheikh Yaḥyā, wie geht's denn jetzt weiter?" fragte ich. Yaḥyā mußte mich dreimal fragen, ob ich Salims Frau werden wollte, und ich antwortete dreimal mit „ja". Und er wollte den Namen meiner Mutter wissen. „Sie heißt Edith", sagte ich. Er ging dann nach vorne, um meine Antwort zu überbringen.

Sheikh Nāẓim hatte einige Litaneien auf Arabisch vorgetragen, von denen ich kein Wort verstand, dann wandte er sich an Salīm, der genau vor ihm saß, und sprach auf Englisch: „As a follower of the sunnah, the way of Sayyidinā Muḥammad, *ṣall allāhu alaihi wa sallam,* are you accepting to marry the daughter of Edith, Hağar, to be your wife, to be for you halal here and hereafter, in presence of those muslims and muslimas? Are you accepting her to be your wife? – Yes? Yes?"

Vorderseite des Wohnhauses von Sheikh Nāẓim in Lefke auf Zypern

Und Salīm, der schon mehrmals „ja“ und „yes“ gesagt hatte, wiederholte: „Yes! Yes!“ Und an Sheikh Yaḥya gerichtet, fragte unser Sheikh entsprechend: „Und dich, der du im Auftrag der Tochter von Edith, Hağar, hier bist, frage ich gemäß dem höchsten Befehl unseres Herrn, Allāhs des Allmächtigen, und als einer, der der Sunnah des Siegels der Propheten folgt, der Friede sei auf ihm, und den vier Imamen, und gemäß der Anordnung unseres Großsheikhs, Sheikh ʿAbdullāh ad-Daghistānī Hadratleri, Allāh segne ihn: Stimmst du in ihrem Auftrag der Hochzeit mit dem Sohn von Maria, Salīm, zu? Gibst du sie ihm zur Frau in Gegenwart dieser Zeugen von Muslimen und Musliminnen? Du akzeptierst? Ja?“ „Ja, ja, ja.“ – „Und ihr seid Zeugen?“ „Ja, ja, ja“, rief das Publikum begeistert. Und der Sheikh fuhr fort: „Und wir sind Zeugen und sprechen...“ Er hob die Hände und sprach ein langes Duʿa auf Arabisch. Und auf der Frauenseite wurde darüber gewitzelt, ob die Länge des Duʿas etwas über die Eigenschaft der Ehe aussagen würde. Naja, jedenfalls wurde das ganze mit Süßigkeiten besiegelt, kleine Geschenke überreicht, Glückwünsche gegeben. Und am Abend hatten wir das kleine Gartenhaus im Garten des Gästehauses ganz für uns.

Zurück in Deutschland, nahm uns der Alltag wieder in Beschlag, doch hatten wir als neue Muslime auch eine Menge neuer Dinge zu lernen, dazu gehörte das Fasten im Monat Ramadan. Der Fastenmonat gilt als einer der Höhepunkte des Jahres, und die Schüler verbringen ihn in der Regel gemeinsam mit ihrem Meister in London in einer zur Moschee ausgebauten ehemals anglikanischen Kirche. Dort, in der „Peckham-Mosque“, wurde unter anderem besprochen und festgelegt, wer einige Wochen später, im Monat der Pilgerfahrt, an der Reise nach Mekka teilnehmen sollte. Sheikh Nāẓim bestimmte unter anderen meinen Mann und mich dazu, in diesem Jahr am Ḥajj teilzunehmen: „It is good to go as a couple“, hatte er eine entsprechende Frage quittiert. Es ist gut, als Paar dort hinzugehen. Ein Jahr lang hatte ich mich schon, nachdem ich von dem Wunderbaren, das einen dort erwartet würde, gehört hatte, auf solch ein mögliches Ereignis gefreut, eine Verwirklichung jedoch nicht so schnell für möglich gehalten. Als Salīm nach einem der Gebete unter den Schuhbergen, die sich vor Gebetsräumen auftürmen, trotz intensivster Suche seine Schuhe nicht mehr hatte wiederfinden können, erklärte ein Bruder aus Afrika: „Wenn man seine Schuhe nicht mehr findet, dann bedeutet dies, daß man zum Ḥajj fährt!“

Je näher der Termin rückte, um so schwerer schien es zu fallen, mit den Vorbereitungen fortzufahren, und ein Gefühl körperlicher Lähmung breitete sich aus. Es schien, als müßte die Hälfte der Angelegenheiten unerledigt, wichtige mitzunehmende Dinge uneingepackt bleiben. Zunächst hatte es geheißen, wir brauchten ein bestimmtes Impfserum, dann wieder, es wäre nicht nötig. So ging es hin und her. Und schließlich sollten wir nicht nur auf das Unerwartete, die Reise selbst, in technischer Hinsicht möglichst gut vorbereitet sein, sondern es schien nötig, auch für das bisherige Leben so etwas wie einen vorläufigen Abschluß zu finden, damit wir uns mit Gelassenheit dieser Reise widmen könnten. Nicht zuletzt hatte ich Angst, auf der weiten Fahrt könnte ein Unglück passieren und wir kämen nicht mehr zurück – allzukluge Ratschläge von Brüdern und Schwestern, die schon länger Muslime waren, taten ein übriges. Erst als der Bus dann tatsächlich losfuhr, wurde der Druck genommen.

3. ES GEHT LOS

Vierzig Muslime – zwischen zehn und dreiundsechzig Jahren alt, die meisten um die Dreißig, aus verschiedenen Städten Westdeutschlands kommend, einige aus Holland, eine Schweizerin, ein Amerikaner, ein Brite, ein Marokkaner – brechen Anfang Juni 1990 in den Nahen Osten auf, um rechtzeitig zum *dhu l-ḥijja*, dem Monat der Pilgerfahrt, Arabien, den Ḥijāz, zu erreichen, wenige Wochen nur vor der Geiselnahme im Irak und den Vorbereitungen zum Golfkrieg.

Die letzte Gruppe, die zu unserem Bus stößt, Brüder und Schwestern aus Freiburg und dem Schwarzwald, zu denen mein

Mann und ich gehören, steigt in Karlsruhe zu. Wir besteigen den Bus und sehen uns um. Es herrscht eine fröhliche Aufgeregtheit. Salīm, der nicht zu den Leichtesten gehört, nimmt neben Bruder Fu'at Platz, dem Schwergewicht unserer Truppe, einem türkischstämmigen Engländer, der mit einer Schweizerin verheiratet ist. Ich setze mich in den hinteren Teil des Busses, wo die Frauen sitzen, neben Amina aus Lüneburg. Wir Frauen begüßen uns. Die meisten kenne ich gut: Bilqis aus München, Hawa aus Aachen, Mas'uda, unsere Seniorin, und Amatullāh sowie Halima-Laika aus Hamburg, Fakhriya aus Freiburg und Khairiya, die oft auf Zypern wohnte. Sie fahren ohne Mann, wie die meisten der Männer auch ohne Frau fahren.

Die Herren Sheikhs Burhanuddin, 'Umar und Ḥamdullāh aus Freiburg, Doktor Nasser aus Berlin, Abd al-Laṭīf aus Bielefeld, Doktor Badruddīn aus dem Schwabenländle, Fakhruddīn aus Bonn, Ḥussain „Ḥaji Mozart" aus Österreich sowie Khālid und Ruqnuddīn. Aus Holland sind dabei der Koch 'Uthmān von Den Haag, Omar und Mohammad 'Abdallāh aus Rotterdam sowie Omar und Saleh aus Ridderkerk. Nuruddīn, der aus Marokko stammt, mit seinem Söhnchen Jamaluddīn, dann der Amerikaner Mu'inuddīn, einer unserer Busfahrer. Sieben Paare haben das Glück – wir erinnern uns, „that it is *barakat*, to go as a couple –", die Fahrt ihres Lebens gemeinsam mit ihrem Ehepartner machen zu dürfen: Rakib und Frau Amina aus Amsterdam, Fu'at, der Gewaltige, und Huda aus dem Berner Oberland und die Deutschen Muḥammad, „der Pünktliche" mit Frau Rabi'a-Amina, 'Umar, der Drucker, mit Frau Amina aus Lüneburg, Chefbusfahrer Shamsuddīn mit Frau Mu'mina aus Bremen, Abd al-Fataḥ mit Frau Ḥalīma, damals auf Zypern lebend, sowie Sheikh Salīm, der Philosoph, und ich aus dem tiefen Hochschwarzwald, unserer Wahlheimat.

Wir hatten uns im Restaurant Ali Khans in der Karlstraße getroffen, dann war der Bus bepackt worden. Verabschiedung vom Spiritus Rector des Schwarzwaldes und des ganzen Süddeutschen Raumes, dem Mann in der Lederhose mit dem roten

Bart und einem im Black-Forest-Chaos-Wurst-Stil gewickelten violetten Turban, Sheikh Fariduddīn aus Baden-Baden, der seinem „soul brother“ Salīm noch einen guten Rat mit auf den Weg und uns allen seinen Segen gibt.

Alle an Bord? Wer fehlt, soll sich melden! – Und es geht los. Unendlich langsam, wie es scheint, setzt sich das große Gefährt in Bewegung. „*As-salāmu ʿalaikum wa raḥmatullāhi wa barakātuh.* Das Beste für euch. Und betet für uns!“ Der Bus mit dem Kennzeichen der Hansestadt Hamburg „HH“, der uns noch viele Tausend Kilometer weit tragen soll, er ist nicht mehr der jüngste, auch hat er keine Klimaanlage, was wir noch sehr bedauern werden. Aber in großen Lettern prangt unübersehbar der Name des Reiseunternehmens, dem er einmal gedient hatte: „Felix-Reisen“. Felix, der Glückliche, wenn das kein gutes Omen ist. Nun sind wir also auf dem Weg. Sechs Wochen haben wir eingeplant, und wir ahnen nicht, wie lange wir tatsächlich unterwegs sein werden. Ich lehne mich im Sitz zurück und fingere nach einem Briefumschlag, der mir im Auftrag einer Schwester aus dem Schwarzwald überreicht worden war. Überrascht und erfreut zähle ich fünfhundert Mark, ein Geschenk einer, die mich mit allen guten Wünschen auf der Pilgerfahrt begleitet und bittet, für sie mit „den Ḥajj“ zu unternehmen. *Māshā'llāh!* – Erst hatte uns ein Bruder, der damals in Freiburg wohnte, für den Ḥajj tausend Mark gestiftet und jetzt das. Es ist ein großes Glück, das Leben auf diesem Planeten unter Menschen zu verbringen, die dir wohlgesonnen sind, ja, die dir ernsthaft das Beste wünschen, wahren Freunden also. *Alḥamdulillāh!*

Die Fahrt durch Österreich und das damals noch frei passierbare Jugoslawien geht schnell. Sie wird nur von Pausen für die fünf täglichen Gebete und die Mahlzeiten unterbrochen. Auf Rastplätzen beten wir, auf grünen Wiesen und in einem Karawanserei-Zelt. In Jugoslawien werden einige der Männer auf einem Rastplatz von mit Äxten, Spaten und Dolchen bewaffneten Serben bedroht, die aber, als sie merken, daß wir Deutsche sind, doch wieder von uns ablassen. Es sollte noch zwei Jahre dauern, bis die Tragödie der Völker des Balkans einmal neu ausbrach.

In Komotini im Süden Griechenlands sind wir dann zum ersten Mal zum Verweilen geladen. Hier gibt es in einem von Türken bewohnten Viertel eine von stattlichen Mauern umgebene Moschee. In deren Hof breiten wir unter schattigen Bäumen unsere Schlafunterlagen aus und dösen ein paar Stunden. Wie schön ist es, daß es Moscheen gibt. Was macht ein muslimischer Reisender, wenn er an einen fremden Ort kommt? Das erste ist, daß er eine Moschee aufsucht, denn sie gewährt ihm alles, was er braucht: Es gibt Wasser und sanitäre Anlagen, er kann sich ausruhen und dort übernachten, seine Wäsche waschen, beten, und meistens befinden sich in ihrer Nähe auch andere wichtige Einrichtungen wie Läden, eine Apotheke, eine Bibliothek.

Die Türkei empfängt unseren Reisetrupp als muslimisches Kulturland: halale Speisen, die man zu sich nehmen kann, ohne nachfragen zu müssen, was das für ein Fleisch ist, wo es herkommt usw., Moscheen, der Ruf zum Gebet, großzügig angelegte Waschanlagen und Toiletten, deren Zustand für uns immer mehr an Bedeutung gewinnt. Alles ist leicht. So können wir uns auf dicken weichen Teppichen einer Moschee, die uns allein zur Verfügung steht, einmal richtig ausschlafen. Von da ab können wir die aus neuer Perspektive als belanglos erscheinenden Probleme deutscher Geschäftigkeit hinter uns zurücklassen.

Doch die Möglichkeiten der Erfüllung elementarer Bedürfnisse werden sich grundlegend ändern, wenn wir weiter südlich fahren und immer mehr Ḥajj-Bussen begegnen, die hupend und mit winkenden Insassen – vollklimatisiert! – an uns vorbeirauschen, alle mit demselben Ziel. In Akschehir, dem Ort Naṣruddīn Hojas, des in aller Welt bekannten heiligen Narren, erleben wir heilloses Gedrängel auf Toiletten und an Schlafplätzen und bekommen erste Tuchfühlung mit Zuständen, wie sie in Mekka und anderen Ḥajj-Orten herrschen werden. Wir machen einen Besuch beim Maqām des Hoja Naṣruddīn und fahren nach kurzem Aufenthalt weiter.

An den Grenzen wird uns die Abfertigung in der Regel leicht gemacht, denn als Ḥajj-Reisende, zumal als deutsche Muslime, scheinen wir besonders respektiert zu werden, auch wenn uns einige als eigenartige Gesellschaft betrachten mögen. Gekleidet wie aus dem Morgenland, in große Tücher gehüllte Frauen, die Männer mit Turbanen, einige in langen Gewändern, scheinen wir freie Fahrt zu haben. Immer wieder bleiben Leute stehen, sind amüsiert oder erstaunt, manche auch begeistert. Gelegentlich fließen Tränen des Glücks oder der Reue über den eigenen vielleicht fast vergessenen Islam, der nun so fröhlich und so farbenfroh aus dem Westen daherkommt. Und mehr als einmal müssen wir die Frage beantworten, wie man als Deutscher dazu kommt, nach Mekka zu reisen. Die Antwort darauf lautet stets: Man kommt dazu, wenn man Muslim ist.

Aber deutsch und zugleich Muslim, geht das überhaupt? Ist der Islam nicht so sehr die Religion der Orientalen, daß er einem Deutschen immer fremd bleiben wird? Und wie fremd sind sich die Deutschen selbst, wenn deutsche Frauen, die den Islam angenommen haben, zum Gegenstand von Verachtung und Schmähung werden: „Kinder machen, das könnt ihr ja!" Dies könnte von unseren Leuten auch leicht als ein herrliches Lob wider Willen aufgefaßt werden. Als Justizangestellte des Notariats der Stadt Bonndorf sollte ich später von Kunden manchmal Sätze hören wie: „Sie sprechen aber gut Deutsch!" – ein eigenartiges Prädikat für eine Deutsche.

Daß der Islam nicht nur etwas für Orientalen ist, beweist die Größe seines Propheten und aller seiner Brüder unter den Gesandten und Propheten, der Friede sei auf ihnen allen, in deren Reihe er steht. Seine innere und äußere Schönheit und die Vollkommenheit seines Verhaltens haben ihre Ausstrahlung bis auf den heutigen Tag bewahrt. Bis heute ist er den Gläubigen in allem ein Vorbild, und sie begreifen, daß ein großer Vorteil darin liegt, ihm zu folgen. Anders als bei Jesus Christus, dem Sohn Mariens, auf dem wie auch auf seiner Mutter der Friede sei, liegen hierüber vielfältige Zeugnisse vor, die in langen Überlieferungsketten authentisch in Hadithen belegt sind, die von den Gläubigen in allen Lebensfragen zu Rate gezogen werden. Dem Propheten Muḥammad, Friede sei mit ihm, seinen als „Sunna" bekannten Gepflogenheiten und Lebensregeln, zu folgen, darauf liegt Segen für jedermann. Es übersteigt das, was bloß die kulturelle Eigenart eines Landes sein könnte, denn göttliche Weisheit liegt darin. Das ist uns eigentlich altbekannt, und doch muß jemand kommen, der unser Herz öffnet, es uns zu sagen. Glück hat der, der einen solchen Menschen findet.

Auf die Frage eines Radioreporters, wie er denn zum Islam gekommen sei, hatte Salīm einmal treffend geantwortet, er wäre gar nicht zum Islam gekommen, da dieser umgekehrt doch zu ihm gekommen sei, *alḥamdulillāh.*

Bemerkenswert ist, daß auch eine so bekannte Persönlichkeit wie der Dichterfürst der Deutschen, Johann Wolfgang von Goethe, im Alter eine gewisse Nähe zum Islam pflegte und jeden seiner späten Briefe in arabischer Schrift mit „*bismillāhi r-raḥmāni r-raḥīm*", „im Namen Gottes, des Gnädigen, des Barmherzigen", einer Formel nämlich überschrieb, mit der ein Muslim jede wichtige Handlung beginnt. Wer weiß auch, daß sich dieselbe Formel auf Arabisch in handschriftlicher Annotation auf einem Doktordiplom „unseres" Philosophen Immanuel Kant, des weltweit berühmten „Zermalmers der Metaphysik" findet! Und schließlich ist es eine schöne Vorstellung, daß sogar ein deutscher Kaiser, der Staufer Friedrich II. nämlich, Muslim gewesen sein könnte. Von mulimischen Gelehrten Siziliens erzogen, war er von Jugend an in diese wunderbare Religion hineingewachsen, und viele der von seinen Biographen gesammelten Merkwürdigkeiten eines „zauberhaften unfaßbaren... Rätselmenschen", wie Friedrich Nietzsche ihn beschreibt – sein persönliches, sein politisches Verhalten dem Papst und dem Sulṭān ul-Kamil gegenüber und die Umstände seiner Beerdigung –, scheinen ihre vermeinte Rätselhaftigkeit zu verlieren, ja gar einen guten Sinn zu erhalten, wenn man davon ausgeht, daß der Stauferkaiser Muslim gewesen war.

Und warum sollte nicht auch ein Deutscher Muslim sein und sich dem Willen Gottes unterwerfen können! Zumal das vielleicht ehemals wirkkräftige Arzneimittel Christentum nicht bloß im Laufe von Jahrhunderten immer schwächer geworden zu sein scheint, sondern, einem Medikament vergleichbar, das Verfallsdatum längst überschritten hat, sogar im Verdacht steht, schädlich, ja für den Glauben lebensgefährlich zu sein. Und es ist mir bis heute ein Rätsel, warum die Mehrzahl der Christen zur Zeit des Propheten Muhḥammad, der Friede Gottes sei auf ihm und seiner Familie, nicht erkannten oder erkennen wollten, daß er es war, in dem die lange Geschichte der Propheten sich fortsetzte und erfüllte. Für mich jedenfalls bedeutet die Religion des Islam die Erfüllung einer Sehnsucht in der endlosen Barmherzigkeit unseres Schöpfers, von der ich im Namen des Christentums nicht einmal zu träumen gewagt hatte.

Unsere eigentliche Reise beginnt in Istanbul. In jeder Stadt des Islam – und besonders gilt dies für die Pilgerreise – sollte der Reisende dem König der Heiligen, dem, der in spiritueller Hinsicht über die Stadt herrscht, Ehre erweisen und ihn besuchen. Denn wir haben für unsere weite Reise durch die islamischen Länder den Auftrag, nicht bloß eine Strecke zurückzulegen, sondern die Gräber der Heiligen, auch derer, die zur Überlieferungskette des ehrenwerten Ordens der *naqshbandī-ṭarīqat* gehören, zu besuchen, das also tun, was man *siyarat* nennt. Wir werden erleben, daß gerade sie für uns persönlich wichtig sind, und wir besuchen ihre Maqāms, das sind Orte ihrer spirituellen Anwesenheit, um ihnen Grüße auszurichten und ihre Unterstützung zu erbitten. Alle Gräber von Heiligen sind, so erfahren wir später aus dem Munde eines noch lebenden Heiligen, gerade in der heutigen Zeit besondere Quellen des Schutzes, da wir nach Sicherheit fragen und sie sonst nirgendwo finden.

4. SULṬĀN AYYŪB

Unsere erste Station in Istanbul ist von besonderer Bedeutung für unsere Fahrt. Es könnte sein, daß unsere Reise nun endet, falls wir keine Erlaubnis zur Fortsetzung unserer Unternehmung bekommen. Sie liegt in einer innerlichen Einstimmung und Öffnung, aber auch einem im Äußeren erkennbaren Gelingen der weiteren Fahrt.

Hier stehen wir vor dem Grab Sulṭān Ayyūb al-Anṣārīs, des Fahnenträgers des Propheten, der Friede sei auf ihm. Wir stehen vor dem Grab eines Gefährten des Propheten, der gestorben und doch nicht tot ist. „Die Körper der Heiligen verwesen nicht", heißt es. „As-salāmu 'alaikum, Sulṭān Ayyūb, wir entbieten Euch den Friedensgruß und bitten, daß Allāh mit Euch zufrieden sei. Wir überbringen Salāms von unserem Sheikh und bitten Euch, die Ihr das Tor zum Orient hütet, um Schutz und Segen für unsere weite Fahrt zu den Heiligen Stätten." Jeder von uns hat Gelegenheit, den Heiligen Sultan zu begrüßen, seiner in einer kleinen Andacht zu gedenken. Und wir erleben, manche sehr stark, andere weniger stark, einen heilsamen Einfluß, der das Gemüt nachhaltig berührt und erquickt.

Obwohl es schon spät und dunkel geworden ist, besuchen wir in einem Außenbezirk Istanbuls noch einen alten Friedhof und versuchen, dort das Grab Jamāluddīn al-Ghumuqī al-Ḥussainīs zu finden, des sechstletzten Sheikhs in der Kette der Überlieferung des Naqshbandī-Ordens. Nach einer längeren Suche, die uns auch durch ziemlich verwilderte und schwer zugängliche Teile des Friedhofs führt – wir sind schon nahe daran, aufzugeben –, finden wir uns alle an einem von Schlingpflanzen üppig überrankten grünen Gitter aus Eisen vor einer alten Grabstätte ein, an der es angenehm riecht. Die gute aufsteigende Luft und die Gegenwart des Heiligen lassen uns die fragwürdigen nächtlichen Balanceakte über die Einfassungen fremder Gräber schnell vergessen. Wir bitten Allāh um Vezeihung, und wir preisen Ihn.

5. DIE KHULWAT-HÖHLE

So viele Male auf unserer weiteren Reise durch die Türkei, den Irak, Saudi-Arabien, Jordanien, Palästina, Syrien sollten wir noch Menschen begegnen, die auf sonderbare Weise mit uns in Kontakt geraten, und es sieht für uns so aus, als wären sie geschickt. Wissen wir einmal nicht weiter, steht gerade jemand parat, uns den Weg zu zeigen. Überhaupt scheint das soziale Leben in den orientalischen Ländern wie ein Netzwerk zu funktionieren, was einer weiß, wissen gleich alle. „Hier entlang", leiten uns gelegentlich sogar Kinder die Wege zu den Pilgerstätten, als wüßten sie längst, was wir wollen. Es ist einfacher, als wir denken. Haben wir Hunger, ergibt es sich in der nächsten halben Stunde bestimmt, daß wir irgendwo zum Essen eingeladen werden. Wenn unsere Ungeduld nur nicht manchmal Haken schlüge und uns darin behinderte, volles Vertrauen in die Rechtleitung auf diesem Wege zu haben! Oder es findet sich jemand ein, der uns etwas ganz Besonderes zeigen will.

In der Türkei landen wir in dem kleinen Dorf Güneyköy in der Gegend von Bursa. Dort begeben wir uns zur Moschee und besuchen ein Haus, in dem der Naqshbandī- Sheikh Sharafuddīn, möge Allāh seine Seele heiligen, gelebt hatte. Nachfahren von ihm wohnen noch dort, und natürlich hat es sich schon längst herumgesprochen, daß eine ganze Ladung Naqshbandī-Schüler angekommen ist: Wir sind zum Essen eingeladen, die Frauen bei den türkischen Frauen. Sie packen ihre Körbe aus, jede hat etwas gekocht und mitgebracht: Dolmar, Tomatensalat, Reis mit Fleisch, Süßigkeiten. Wir werden beäugt, und sie nicken uns wohlwollend zu. An einem Tag laden sie uns zum gemeinschaftlichen *dhikr*, einer der spirituellen Grundübungen unseres Ordens, ein, die aus der Rezitation von Passagen des Korans, der Anrufung der Schönen Namen Allāhs, Bittgebeten und Salawāts, Segenssprüchen auf den Propheten Muḥammad, besteht, Allāh segne ihn und schenke ihm Heil. Im holzgetäfelten Wohnzimmer prangen von den Wänden die Bilder einiger Sheikhs des Ordens.

Die türkischen Frauen wiegen sich im Takt. Eine mächtige Person mit wallenden Formen, die den *dhikr* leitet, hat sich nach kurzer Zeit in Exstase gebracht und reißt die anderen mit. „*Allāh, allāh* ..." Einige ältere Damen sitzen auf Sesseln und Sofas, die meisten jedoch stehen, haben sich an den Händen gefaßt und werfen im Rhythmus den Oberkörper vor und zurück. Es ist für uns ungewohnt, da wir zuhause beim *dhikr* mehr oder weniger ruhig am Boden sitzen, sie aber sind ausschweifend in ihren Bewegungen und voller Lebenslust. Frauen von geradezu bombastischen Ausmaßen, dabei in ihren Bewegungen zugleich weich und leicht und von erstaunlicher Zartheit. Es packt mich, ich muß weinen, es gibt gar nicht genug Taschentücher für so viele Tränen. Nach Beendigung des *dhikrs* sitzen wir mit den Frauen noch etwas zusammen, die jungen englischsprechenden Mädchen vermitteln ein Gespräch zwischen uns: „Wo kommst du her? Wie ist dein Name?" „Ah, ja, *tamam*, gut." „Muslim?" „Sehr gut, *māshā'llāh*!" „Bist zu verheiratet? Und wieviele Kinder hast du?" „Verheiratet – gut." „Nein, keine Kinder, ach wie schade, na das wird noch, so Gott will". Dies ist die klassische Beurteilung eines Zustandes, der wohl im ganzen Orient als ausgesprochener Mangel angesehen wird. Die Armen, die nicht einmal verheiratet sind, sie werden regelrecht bedauert.

Zwei sehr alte Damen werden als Nachfahren Sheikh Sharafuddīns vorgestellt, des Lehrers des Lehrers unseres Sheikhs. Es ist eine große Erqickung, in diesem Haus zu sein, ich fühle mich geborgen und wohl. Es wird noch Kaffee serviert, und am Abend gehen wir zur Moschee zurück, in der wir übernachten. Als wir schon zur Weiterreise aufbrechen, bekommen wir noch etwas Besonderes zu sehen. Ein Mann von der Moschee möchte uns eine spezielle Höhle zeigen. Dazu machen wir uns auf den Weg durch die Berge in eine einsame Gegend. Als der Weg für den Bus zu eng wird, steigen wir aus und erklimmen einen begrasten Berg. Dort öffnet sich die Erde zu einem Loch, dessen Tiefe von oben

Beim Teetrinken vor der Khulwat-Höhle

nicht abzuschätzen ist. Wir dürfen eine eiserne Leiter hinabsteigen. „Vorsicht!" mahnt unser Führer lauttönend. Voller Stolz hatte er erklärt, daß in dieser Höhle einst Sheikh Sharafuddīn und Sheikh 'Abdullāh fünf Jahre ihres Lebens *khulwat*, Zurückgezogenheit, geübt hätten.

Unten angekommen, blicken wir uns um. Von einer ebenen Grundfläche, die wenige Schritte in jede Richtung mißt, steigt der Boden zur Felswand an. Mehr Leute als gedacht haben Platz in der kleinen Felsengruft, in der es sehr feucht und dunkel ist. Wir halten den Atem an. Im hereinfallenden Sonnenschein tanzt eine dicke Fliege, und eine Maus piepst von irgendwoher, sonst ist dort nichts, nur Gestein. Wir setzen uns auf kleinen feuchten Teppichen auf den Boden, machen jeder ein Gebet und versuchen, es uns vorzustellen: tagaus, tagein, jahrelang hier unten zu sein. Wer von uns wäre dazu in der Lage? Wem von uns würde die Erlaubnis oder der Auftrag zu solch einem Unternehmen gegeben werden? Wollte man da lebend und bei voller Gesundheit wieder herauskommen, müßten Geist und Körper wohl vorbereitet sein. Nach einer Weile haben sich die Augen an die Dunkelheit gewöhnt, im Gewölbe sind Einbuchtungen, Erhebungen, Falten zu sehen. Nach steilem Aufstieg glücklich wieder oben angelangt, erfahren wir von unserem Begleiter aus Güneyköy, daß die Höhle an ihrer Öffnung von außen mit einem dicken Stein zeitweise verschlossen gewesen war. „Das ist der Beweis, daß sie wirklich nicht herauskamen", bemerkt unser Führer. Sheikh Sharafuddīn war selten, aber dennoch eben ab und zu an die Oberfläche gekommen, denn die Bewohner der anliegenden Höfe hatten ihm etwas Essen gebracht. Drei Höhlen dieser Art gibt es in der Gegend hier. Und in einer von ihnen hausen die Bären! Verglichen mit dieser Höhle sind unsere heutigen Khulwat-Plätze – die Zimmer beispielsweise eines sanitär gut ausgestatteten Hauses in den Bergen von Tripolis – schon komfortabel, und für Anfänger beträgt die Zeit auch nur vierzig Tage.

Nach dem Höhlenbesuch sind wir Gast einer Familie, freundlichen einfachen Leuten, die in einem Haus unterhalb der Höh-

In der Khulwat-Höhle Sheikh Sharafuddīns bei Güneyköy

le wohnen. Sie servieren uns Tee. Neugierige, doch scheue Kinderblicke aus dem Inneren des Hauses wollen erfahren, was da draußen vor sich geht. Oder läßt sich der Überblick über die Schar fremder Leute nicht besser von der Hausecke aus gewinnen? Wir sitzen auf Teppichen draußen zusammen und lauschen unserem türkischen Freund, der uns hierhergebracht hat, und wir Frauen sitzen etwas abseits und verstehen fast nichts.

6. MAULĀNĀ JALĀLUDDĪN

In Konya, berühmt durch die Grabstätten Jalāluddīn Rūmīs und seines Lehrers Shamsuddīn aṭ-Ṭābrīs und Sheikh Ṣadruddīn Alkonāvīs, eines Schülers und Kommentators Sheikh ul-Akbar Muḥyīddīn ibn al-ʻArabīs, werden wir – erste Busreparaturen sind nötig – von vielen Menschen umringt, die uns begrüßen.

Ihre Aufmerksamkeit wird schon durch unsere Kleidung erregt, die den Gepflogenheiten der Gemeinschaft des Propheten Muḥammad entspricht, Allāh segne ihn und schenke ihm Heil, in der Türkei heute aber nur noch selten gesehen wird. Unsere Männer fallen durch eine Kopfbedeckung auf, von der schon erwähnter Geheimrat Goethe gemeint hatte, sie sei unter allen „die edelste": ihre um Spitzkappen gewickelten Turbane – der Turbanstoff bedeutet das eigene Leichentuch – und die Schalwars, weite Hosen, die sich von den hautengen Jeans des Abendlandes und einer heute oft auch im Orient gesehenen „*sunnah americanie*" deutlich unterscheiden.

Einige Türken umarmen und küssen unsere Männer. „Ihr seht aus wie die Sahābas, wie die Gefährten unseres Propheten." Sie haben Tränen in den Augen. Andere fragen, ob sie uns fürs Familienalbum fotografieren dürften. Ein kleines Mädchen interviewt mich auf deutsch: „Wie bist du", so die Kleine mit wehenden Zöpfen und strahlendem Blick, „wie bist du dazu gekommen, Türkin zu werden?"... Wellen von Zuneigung durchfluten uns. Wie später noch so oft werden wir zum Tee eingela-

Friedhof vor dem Maulānā Rūmī-Mausoleum in Konya

Grabmal Jalāluddīn Rūmīs

den, wird uns Essen gebracht, sollen wir zu dem und dem nach Hause kommen, auch dort übernachten. Und wir fühlen die Wahrheit jenes Ausspruchs des alten Reichskanzlers Otto Graf von Bismarck: „Die Türken sind die wahren Gentlemen des Orients". *Māshā'llāh.*

Viele Türken scheinen die Grundlagen ihrer eigenen Kultur aber leider nicht mehr zu kennen oder durch die langwährende und erbarmungslos durchgepeitschte Politik der Verwestlichung in ihrem Land – durch brutalste Sanktionen – dazu gebracht worden zu sein, sie zu verleugnen. Daß viele Türken heute eher wie Amerikaner gekleidet sind, verdanken sie auch jenem Herrn mit den buschigen Augenbrauen und stechendem Blick, dessen Bild von den Wänden vieler Amtsstuben und staatlicher Moscheen herabdroht. Seitdem er und seine Helfer alles getan haben, die osmanische Kultur zu vernichten, sind Attribute der Sunna des Gesandten Gottes, der Friede sei auf ihm, in der Türkei immer wieder bei hohen Strafen verboten gewesen. Dies nennt man dort „Laizismus". Schon das Tragen eines Vollbartes – wenn es nicht so ernst wäre, hätte man es für einen schlechten Scherz halten können – war bis vor kurzem unter Strafe gestellt. Und Sheikh Nāẓim Efendi war oft genug im Gefängnis gewesen, weil er entsprechend heiliger Überlieferung auf Arabisch zum Gebet gerufen hatte, was zu der Zeit in der Türkei verboten gewesen war. Das war wohl Dutzende von Malen so gegangen: Kaum hatte er den Adhān gerufen, kam er ins Gefängnis. Nach einiger Zeit wieder draußen, doch nach dem ersten Adhān mußte er wieder ins Gefängnis. Irgendwann haben es die Staatskräfte wohl aufgegeben, unseren Sheikh vom Gebetsruf abzuhalten.

Wer den Niedergang der osmanischen Kultur beklagt, sollte dabei aber nicht vergessen, daß es zugleich ja die Türken selbst gewesen waren, die die Zerstörung des Osmanischen Reiches zumindest zugelassen, wenn nicht gar getragen oder befördert haben. Und nun leiden sie unter dem Verlust ihrer eigenen Geschichte und Kultur und der schönsten Attribute ihrer Religion. Aus diesem Grunde sind sie so sehr berührt von dem, was wir ihnen, da es ihnen selbst verlorenging, nun „wiederbringen". Das gilt auch für die Ṭarīqat.

Die Ṭarīqas – der arabische Plural lautet eigentlich *ṭuruq* – sind Schulen oder „Wege" der religiösen Besinnung und der Vervollkommnung des Menschen im Kampf gegen das Ego, deren Meister, möge Allāh mit ihnen zufrieden sein, in der Tradition einer Überlieferungskette, *silsila*, stehen. Sie werden auch Sufis oder Sufi-Orden genannt, eine heute nahezu inflationäre Bezeichnung. Statt dieses Wort zu gebrauchen, spricht unser Sheikh lieber von „solchen, die die Wege zu den Himmeln suchen".

Die Ṭarīqat des ehrenwerten Ordens der Naqshbandiyya ist in der Türkei wohlbekannt. Seine Silsila reicht bis auf Sayyidunā Abū Bakr zurück, möge Allāh mit ihm zufrieden sein, eines Gefährten und Vertrauten des Propheten Muḥammad, Allāh segne ihn. Einige Sheikhs unseres Ordens sind in der Türkei begraben, wie zum Beispiel Sheikh Jamāluddīn al-Ghumuqī in Istanbul oder die Sheikhs Abū Aḥmad al-Madanī und Sharafuddīn ad-Daghistānī in Güneyköy bei Yalova, das Erbarmen Allāhs sei auf ihnen. Ihr Nachfolger im Amt des Meisters der Naqshibandī-Ṭarīqat und Vorgänger Sheikh Nāẓim Efendis, ist Großsheikh 'Abdullāh Fa'iz ad-Daghistānī, der den Titel *sulṭān ul-auliyā'*, „Sultan der Heiligen", trägt. Wir haben vor, seinem Maqām in Damaskus auf dem Berge Qasiyūn einen Besuch abzustatten. So viele Geschichten werden von ihm erzählt, der wohl im Alter von 101 Jahren noch einen Sohn zeugte und wegen seiner weisen Lebensgewohnheiten bis zu seinem Lebensende die Gesundheit eines jungen Mannes hatte und auch über ungewöhnliche körperliche Kräfte verfügte. Als er dann in hohem Alter im Jahre 1973 verstarb, riefen seine Schüler schnell Dr. Maḥmoud Kabbānī, einen Bruder Sheikh 'Adnāns, einen Arzt, der sofort Wiederbelebungsversuche unternahm. Er legte sich über den Oberkörper des Großsheikhs und bearbeitete sein Herz. Da richtete sich der gerade Hinweggegangene noch einmal auf und sprach auf Türkisch: „Burak!", „Laß es gut sein, hör auf!" Sprach's und war entschlafen.

Großen Anklang findet bei unseren türkisch-perfekten Gastgebern eine Geschichte Großsheikh 'Abdullāhs, die Schlichtheit und große Weisheit zeigt: Großsheikh galt in „dieser" Welt als „einfacher" Mann. Als er einmal von stolzen Gelehrten, *'ulamā'*, besucht wurde und nicht mit ihnen Arabisch sprechen wollte, ereiferten sich diese mit den Worten: „Du willst ein großer Sheikh sein, und du sprichst mit uns nicht Arabisch?!" „Die Sprache des Korans", insistierten sie, „ist Arabisch, die Sprache des Paradieses ist auch Arabisch, und du sprichst mit uns nicht Arabisch?!" Unser Großsheikh, möge Allāh seine gesegnete Seele heiligen, hatte damals lächelnd erwidert: „O Ihr Herren, Ihr habt vollkommen recht: Die Sprache des Korans ist Arabisch, und die Sprache des Paradieses ist Arabisch. Aber, ich will nicht ins Paradies, ich will zu Allāh, und Er ist Türkisch!" – Großes Gelächter bei unseren türkischen Gastgebern und große Freude über diese Geschichte eines der „Freunde Gottes".

In der südlichen Türkei besuchen wir Tarsus und dort das Grab des Serefechir, die Maqāms des Luqmān, der das Wissen über die Heilkräuter besaß, des Kalifen Ḥārūn ar-Rashīd und das Maqām des Bilāl, des ersten Muezzins, eines Farbigen, Allāh segne sie alle.

In der Nähe von Tarsus lädt die berühmte Siebenschläferhöhle zu einem Besuch ein. Sie soll es sein, die in der 18. Sure des Korans *al-kahf*, „Die Höhle", gemeint ist. Die Höhle, in der sieben Menschen und ein Hund dreihundert Jahre lang geschlafen hatten. Auf diese Weise waren sie der Verfolgung des Tyrannen entkommen. Als sie aufwachten, waren sie sich der langen Zeit ihres Schlafes nicht bewußt gewesen und hatten bei dem Versuch, in einem nahen Ort Brot zu holen, mit einer längst verfallenen Münze bezahlen wollen. Dadurch wurde der Fall ans Licht gebracht. Diese Geschichte gilt als eines der Wunder der im Koran erwähnten „deutlichen Zeichen" Allāhs. – Die Höhle ist sehr verzweigt und hat Verengungen, durch die man nur auf allen Vieren hindurchkommt. Wir steigen Stufen hoch und runter, klettern an einer Seite hoch, und einige rutschen durch eine Art

„Geburtskanal" hinab. Wir grüßen den heiligen Ort und üben wieder gemeinschaftlich ein wenig den *dhikr*. Draußen unterhalb der Höhle bekommen wir Tee und etwas zu essen. Unter einem Baum steht ein Mann auf einem Bein. Es heißt, er stehe dort schon seit Jahren. Brüder sprechen mit ihm.

7. URFA, STADT ABRAHAMS

In Urfa beeindruckt uns eine in Felsen gehauene Behausung, die der Prophet Ibrāhīm, Abraham, der Friede sei auf ihm, in seiner Kindheit bewohnt hatte. Aus der dort sprudelnden Quelle mit Heilwasser wird von den Pilgern reichlich geschöpft. Wir haben den ganzen Tag Zeit, die Planung will es so. Auf dem Berg hatte vor Zeiten das Katapult gestanden, mit dem Abraham auf Anweisung seines Widersachers Nimrūd ins Feuer geschleudert wurde. Das Feuer unterhalb des Berges war so heiß gewesen, daß sich ihm niemand hatte nähern können.

Ich sitze teeschlürfend in einer Runde von Schwestern am Tisch, als Halima-Laika mich mit eindringlicher Miene fragt: „Kennst du die Ameise des Propheten Ibrāhīm?" „Nein, was für eine Ameise?" „Ja, weißt du nicht, daß die Ameise heilig ist?" „Nö." „Kein Mensch hat dem Propheten Ibrāhīm geholfen, als er vom Katapult ins Feuer geworfen werden sollte. Nur die Ameise", so wußte sie zu erzählen. „Sie kam gelaufen und hat einen Mundvoll Wasser gebracht, um zu versuchen, das Feuer zu löschen. Und für diese Tat, diese Absicht, hat Allāh sie heiliggesprochen. Wußtest du das nicht? Du darfst auch keine Ameise töten. Wenn du welche im Haus hast und willst, daß sie weggehen, mußt du sagen: „Alḥamdulillaaah!" Und Halima Laikas Augen wurden bei ihrer Erzählung immer größer. Mas'uda fügte hinzu: „Ja, und stimmt es, daß dort, wo Abraham ins Feuer geschleudert wurde und das Feuer ihn kühlte, ein Rosengarten entstand?" Andere Frauen nickten: „Ja, das haben wir auch gehört." Unten bei der ehemaligen Feuerstelle, wo jetzt eine kleine Moschee steht, sind die „Tränen Allāhs", zwei Seen, in denen

„heilige Fische" schwimmen. Um den Park schlängeln sich die Verkaufsstände, der Markt, Basar.

Salīm und ich machten einen kleinen Ausflug zu den Befestigungsanlagen. Und da erzählte er mir, daß er glaubte, Sheikh Nāẓim getroffen zu haben. Er hatte am Rande des Innenhofs gesessen und *Qadiriyya*-Derwischen bei ihrem Dhikr zugehört und war dann von einem Türkisch sprechenden Jungen in fußlangem weißen Gewand zu einer Gruppe junger Leute gebeten worden. „Naqshbandī...?", war die Frage gewesen. Und da Salīm höchstens zwei Worte Türkisch sprach, war die Verständigung mehr eine Sache der Mimik und der Gestik und einiger arabischer oder anderer Ausdrücke gewesen.

Kaum hatte er etwas aus dem Naqshbandī-*dhikr*, das Salawāt nämlich auf den Propheten – *allāhumma ṣalli 'ala muḥammadin wa 'ala āli muḥammadin wa sallim* – in jenem unverkennbar synkopischen Swing angestimmt, war er schon von einer Gruppe wehender Gewänder und ihrer Träger verschluckt worden, die begeistert in den Lobpreis auf den Gesandten Allāhs einstimmten, auf dem und dessen Familie Friede und Segen seien.

Salīm war sehr beeindruckt von der reinen Herzlichkeit und Fröhlichkeit der jungen Leute. Von allen Seiten aufs innigste begrüßt, stand er betört im Zentrum von Fragen und lauterer Zuneigung und versuchte sein Bestes. So hatte er die fordernde Stimme des Geldwechslers ganz überhört, dessen schneidendes „Money, Money..." immer aufdringlicher wurde und die heitere Runde zu sprengen drohte. Da winkte Salīm den Wechsler: „Yes, Money, come!" heran und war im Begriff, dessen ganzes Geld mit den Worten „Yes, I take this as *ṣadaqa*!" „Gern nehm ich das Geld als Spende!" zu nehmen, worauf der Geldwechsler unter dem Gelächter der jungen Leute stehenden Fußes die Flucht ergriff. Kaum war er verschwunden, da öffnete sich ein Gang in der Ansammlung, und ein älterer Mann erschien. Weißer Bart, blaue Augen, stürzte er geradewegs auf Salīm zu, öffnete einen Parfümroller, rollte ihn auf Salīms Handrücken, blitzte ihn aus hellen Augen an und – war verschwunden. Und Salīm war wie

Blick auf die Moschee in Urfa

Im Café bei den „Tränen Allāhs“

vom Donner gerührt, beim Blick in die Augen des Mannes hatte er die Augen unseres Sheikhs gesehen: „Maulānā Efendi ... seid Ihr es?!“

Bei einem Rundgang durch den Basar erstehen wir – unter einer riesigen Auswahl blinkender Schneidewerkzeuge fällt die Auswahl nicht leicht – handgefertigte Klappmesser mit Eisenklingen und Horngriff.

Wieder unterwegs, sind wir nicht viel später in Kiziltepe für kurze Zeit Gast in einem Naqshbandī-Maqām. Es sind viele junge Murīden, die uns helfen. Beim Tee bittet Sheikh Ṣalaḥuddīn, der Leiter der Tekke, unseren Bruder Salīm, sich zu ihm auf den Diwan zu setzen, und er erklärt den Brüdern eine große Tafel mit der Silsila des Ordens, die hinter ihm an der Wand hängt. Abschließend gibt er uns den guten Rat, während des Ḥajj die Jamā‘t, die Gemeinschaft, nicht zu verlassen, in der Jamā‘t zu beten, in der Jamā‘t zu essen und zu trinken.

Beim Verlassen des Versammlungsraumes nehmen wir überrascht zur Kenntnis, daß ein hilfsbereiter Geist in unserer Abwesenheit alle unsere Schuhe aufs sorgfältigste geordnet hat. Ja, es schien bekannt zu sein, wem von uns welche Schuhe gehörten. Es war sehr erstaunlich. Um so peinlicher war es, daß wir uns in so unnachahmlich umständlicher Weise – da die wichtigste Person als letzte einsteigt, und so viele sich für die wichtigste hielten, kamen wir nicht los – verabschiedeten und so betulich auf den Weg machten, daß unser gastfreundlicher Sheikh über lange Zeit in den Auspuffgasen des schon angelassenen Busses hatte stehen müssen. *Astaghfirullāh*! Als wir später dann doch endlich auf dem Weg waren, tadelte Salīm uns über die Bordlautsprecher heftig dafür, daß wir nicht einmal das fertigbrächten, was jeder Kindergarten und jede Schulklasse kann. „Am besten wär“, so Sheikh Salīm, „wenn wir am nächsten Parkplatz anhalten und einmal die Übung abhalten: wie besteigen wir den Bus!“

8. DAS GRAB DES NŪH

In Çicre besuchen wir das Grab oder einen Maqām des Propheten, der die größte Geduld gehabt und am längsten, über neunhundert Jahre nämlich, gelebt haben soll: Nūh, Noah, möge Allāh ihn segnen. Sheikh Muḥammad al-Maghribī, möge Allāh mit ihm zufrieden sein, sagt: „Keine der Grabstätten der Propheten sind bekannt, außer dem Grab Ibrāhīm Khalīls in Al-Khalīl, Hebron, und dem Grab des heiligen Propheten Muḥammad in Medina, Allāh segne sie.“ Der Ort des Grabes des Propheten Noah ist uns nicht bekannt, einige sagen, es sei in Kūfa. Allāh weiß es am besten. Dieser überirdische Grabkasten jedenfalls, nach islamischer Sitte von mit arabischen Kalligraphien reich verzierten Tüchern eingehüllt, ist mehrere Meter lang: Der Prophet Noah soll ausgesprochen groß gewesen sein. Die Grabstätte flößt uns viel Ehrfurcht ein und läßt uns gebannt der Geschichte Noahs lauschen. Nach 950 Jahren vergeblicher Ermahnung und Verkündigung des Wortes Gottes betete Noah zu seinem Herrn gegen das hartnäckige Volk: „Mein Herr, laß keinen der Ungläubigen auf Erden. Siehe, wenn Du sie übriglässest, so werden sie Deine Diener irreführen und werden nur Sünder und Ungläubige zeugen.“ (*Koran*, Noah, 71:27/28)

Es wird gesagt, jeder Prophet habe ein Bittgebet frei gehabt, das von Allāh erhört wurde. Noah war der einzige gewesen, der sich etwas gegen die Menschen, gegen seine Gemeinde, gewünscht hatte. Seine schwerwiegende Bitte aber wurde erfüllt, und so schickte Gott die Sintflut.

Und als sie kam zu jener Zeit, so wird berichtet, gab es eine alte Frau, die Noah von Zeit zu Zeit Milch gebracht hatte. Sie bat Noah, sie zu informieren und mit in die Arche zu nehmen, wenn die Überschwemmung käme. Dann kam die Frau eine Zeitlang nicht, weil ihre Kuh keine Milch gab. Als die Flut zurückgegangen war, kam sie wieder wie zuvor mit Milch zu Noah. Der verwunderte sich, wo sie geblieben war und daß sie überhaupt noch am Leben sei, ob sie nichts von der Flut bemerkt habe, die ganze Welt sei überflutet gewesen. Da verwunderte sie sich und sagte, sie habe nichts gemerkt, außer einem Mal, da ihre Kuh mit schlammbedeckten Füßen zurückgekommen, doch nicht die kleinste Wolke am Himmel zu sehen gewesen war. Noah pries Gott und lobte seinen Herrn: „Er schützt, wen er will."

Noah sah nun, was er mit mit seinem „Wunsch" angerichtet hatte und daß er an der Vernichtung der Menschheit schuldig geworden war. Da er die Größe der Zerstörung gewahrte, weinte er. Der Herr aber befahl Noah: „Gehe zu jenem Berg, grabe einigen Ton aus und mache aus ihm Töpfe, Schüsseln und Gefäße von jeglicher Art, die du dir denken kannst." Noah gehorchte und arbeitete eine lange Zeit, bis er einen ganzen Berg irdenen Geschirrs gefertigt hatte. Er stellte es zum Trocknen und Erhärten auf und stapelte die fertigen Produkte der Größe nach auf. Als er damit fertig war, befahl Allāh ihm, das Gefäß herauszuziehen, das ganz zuunterst stand, und alles purzelte herab und zerbrach in Stücke. Und Noah, möge Allāh ihn segnen, saß inmitten der Scherben des Geschirrs und war unzufrieden, all seine Bemühungen verschwendet zu sehen, und er murrte gegen den Herrn: „Warum ließest Du mich diesen riesigen Berg erschaffen, wenn Du allein vorhattest, daß ich alles wieder zerbreche? Warum ließest du mich soviel Mühe haben mit dieser Arbeit, die alle vergeblich gewesen ist?"

Da sprach Allāh der Allmächtige: „Ich tat dies, dir zu zeigen, o Noah, wie ein Erschaffer sich fühlt, wenn er seine eigene Schöpfung zerstört. Die Gefäße aus Lehm, die du gemacht hast, sind für dich so wertvoll, und du weinst deiner vergeblichen Mühe wegen, obgleich sie nur aus Schlamm sind. Glaubst du, daß Ich Meinen Dienern keinen Wert zumesse, die ich aus Nichts erschuf? So viele Tage und Jahre und Generationen lang habe ich sie gehütet und bewahrt, erhalten und ernährt – dann betetest du gegen sie, und ich nahm dein Gebet an und verfluchte die ganze Welt und zerstörte all ihre lebenden Wesen – o Noah, bete niemals mehr gegen irgend jemanden, denn wenn du es tust, werde ich nicht nur deine Bitte unerhört lassen, sondern deinen Namen aus dem Buch der Propheten löschen!“ Hiernach weinte Noah ohne Unterlaß, und er hob seinen Kopf niemals mehr, bis er starb. Einige sagen, daß es wegen dieser späten Wehklagen war, daß sein Name „Noah“ – *nuwāḥun* bedeutet „Wehklagen“ – wurde. Niemals wieder war es einem Propheten erlaubt, die ganze Welt zu verfluchen.

Nun wandten wir uns dem in unmittelbarer Nachbarschaft liegenden Maqām des Naqshbandi-Sheikhs Seyda zu, eines Schülers Sheikh Ibrāhīm Ḥaqqi Erzuvumis, des Autors der letzten großem islamischen Enzyklopädie *Ma'rifat nameh.* Auch hier werden einige Dhikr-Formeln zu Ehren des Toten geübt.

Jenseits des Dorfes erwartet uns eine Überraschung: Wie herbeigezaubert präsentiert sich dort ein mächtiger Fluß in glänzender Pracht und lädt zu erquickendem Bade. In voller Kleidung tasten wir Frauen uns in das schon am Ufer reißende Wasser des Tigris, des „Schwarzen“, eines Gewässers von eigentümlicher Macht. Das gurgelnde Naß scheint besondere Kraft einzuflößen. Doch ist es nicht ungefährlich. Die starke Strömung verbietet, sich weiter als zwei Meter ins Wasser hineinzutrauen. Schon vorher wickelt der Strom unaufhaltsam den Frauen die lange und luftige Kleidung um Beine und Fesseln. Ich erschricke beim Gedanken eines tödlichen Fangstricks. Freundliche Dorfbewohner bewachen unsere Badetour aus angemessener Entfernung. Oder sind es etwa „islamisch-verhaltene“ Spanner?

9. DER IRAK

BEKLEMMUNGEN, als wir an die irakische Grenze fahren. Ḥussein „Ḥajji Mozart“, ein Bruder aus Österreich, muß hier aussteigen. Er hat kein Visum. Vor einem Jahr hatte es irgendwie geklappt, daß er ohne Visum den Ḥajj hatte mitmachen können. Und da wollte er es in diesem Jahr noch auf dieselbe Art versuchen. Doch war es im vergangenen Jahr ganz unabsichtlich, ja par malheur, geschehen, so hatte er es diesmal bewußt in Kauf genommen. Und das scheint einen wichtigen Unterschied zu machen. Für ihn ist die Reise zu Ende. Es will den Brüdern nicht gelingen, die Grenzbeamten umzustimmen, ihn doch noch durchzulassen. Wir sammeln Geld und verabschieden ihn.

Einen anderen müssen wir schmuggeln: Mu'inuddīn, ein amerikanischer Bruder, ist uns unentbehrlich, da einer unserer Busfahrer. Als Amerikaner hätte er, wenn überhaupt, erst nach monatelanger Wartezeit ein Visum erhalten, doch bei den Vorbereitungen zum Ḥajj hatte alles blitzschnell gehen müssen. Unter den Sitzen auf dem Boden des Busses lang ausgestreckt und mit Gepäckstücken überhäuft, mußte er schmoren und schwitzen, bis wir ihn – eine peinliche Umkrempelung des Busses war uns erspart geblieben – unter Bergen von Gepäck wohlbehalten hervorholen. Wir gratulieren uns gegenseitig und kühlen unsere aufgeregten Gemüter mit Stücken aus einem riesigen Eisblock, den uns irakische Grenzsoldaten, möge Allāh es ihnen danken, geschenkt hatten.

Nach einer anstrengenden Fahrt und wenig Schlaf – kathartische Darmzustände hatten mehrere Notstops verfügt – fahren wir nervlich gereizt in Mossul ein. Als wir keinen geeigneten Platz zum Fajr, dem Morgengebet vor Sonnenaufgang, finden – die Moschee mit dem Grab des Jonas, wo wir hatten beten wollen, sie hat die Gestalt eines Wals, erweist sich als Baustelle –, die Spannung stärker wird und Unzufriedenheit aufkommt, hält plötzlich ein Taxi vor unserem Bus an.

Ein dickbäuchiger Araber in langem weißen Hemd kommt mit erhobenen Händen auf uns zu gelaufen, begrüßt uns begeistert und bittet um ein paar Sekunden Geduld. Es sieht so aus, als kennte er uns seit langem. Aus seinem Wagen holt er einen randvoll gefüllten Bottich mit frischem Joghurt – einem wahren Elixier zur Durchspülung und Entgiftung unserer geschwächten Körper und Geister. Wie konnte dieser freundliche Mann nur von uns wissen, da wir doch gerade erst angekommen waren? Diese Frage beantwortet er wie selbstverständlich und mit einem ruhigen und zugleich fröhlichen Blick: Allāh habe ihn geschickt. Segen geht von diesem Mann aus, und wir danken unserem Herrn, daß er uns wieder einmal – dieser kam zu einem Zeitpunkt, der kaum trefflicher hätte sein können – einen Helfer schickt. Der Engel von Taxifahrer zeigt uns den weiteren Weg, indem er mit seinem Auto vorausfährt, eine gute halbe Stunde lang. „Einfach geradeaus“, bedeutet unser Freund und winkt uns zum Abschied zu. Er weint. Wir winken zurück und legen die Hand zum Gruß auf das Herz. Die vielstimmmige Fanfare des Busses ertönt: „*As-salāmu ʿalaikum*, der Friede mit Euch!“

Da unser Besuch am Grab des Propheten Jūnus, auf dem der Friede sei, etwas kurz geraten war, erzählt uns Amir Burhanuddīn über den Buslautsprecher die wohl bekannteste Episode aus der wundersamen Geschichte dieses Propheten: „Der Prophet Yūnus, Friede auf ihm, predigte lange Jahre seinem Volk und erhielt doch nur Schmähung und Spott. Als er auf Geheiß des Engels Gabriel eine bevorstehende Strafe verkünden und die Menschen zur Umkehr aufrufen wollte, wurde er vollends für verrückt erklärt. Voller Wut wandte er sich vom Ort seiner Verkündigung ab und bestieg ein Schiff. Doch als sie die offene See erreicht hatten, schäumte das Wasser hoch auf, und ein ungeheuerlich großer Fisch versperrte den Seeleuten die Weiterfahrt. Sturmwolken zogen auf, und das Schiff drohte zu kentern. Da fragten die Seeleute ihren Passagier Jūnus, ob es irgendein ungesühntes Verbrechen gibt, dessenwegen ihr Leben bedroht sein könnte. Und Jūnus erkannte seinen Ungehorsam, sich wider den Befehl Allāhs seiner Aufgabe abgewandt zu haben. Das Los entschied: Jūnus wurde über Bord geworfen, vom Wal verschluckt und blieb vierzig Tage lang im Bauch des Fisches. Von ihm stammt die Gebetsformel für Muslimc, die in Bedrängnis geraten sind: *lā ilāha illā anta, subḥānaka, inni kuntu mina ẓ-ẓālimīn.* „Es gibt keinen Gott außer Dir, gepriesen seist Du, wahrlich, ich war einer der Sünder.“

10. ZU GAST BEI 'ABDUL QĀDIR AL-JILĀNĪ

Frisch gestärkt geht die Tour weiter in Richtung Baghdad. Unsere Aufgabe ist es, dort zunächst zu warten, bis wir Erlaubnis für die nächsten Stationen erhalten. Diese scheinen wir zu bekommen: Wir stehen in einer großen Menge von Gläubigen vor dem verschlossenen Tor zum Grab 'Abdul Qādir al-Jilānīs, eines im ganzen Orient verehrten Sufi-Heiligen. Burhanuddīn, unser „Amīr", tritt vor und will die Beschläge des großen Tores nur einmal berühren, da bewegt es sich, und es sieht aus, als weiche das Tor vor seiner Hand zurück. Gerade jetzt wird es geöffnet. Und auch hier tun wir, was wir an jedem Maqām oder Grab tun: Wir begrüßen den Heiligen und bestellen Grüße von unserem Sheikh, beten eine Fātiḥa für die Seele des Verstorbenen, zwei Rak'ats, Gebetseinheiten, für die Gemeinde des Propheten Muḥammad – der Friede sei auf ihm und seiner Familie und Segen –, zu der alle heute lebenden Menschen gezählt werden. Und in rhythmischen Wiederholungen tragen wir halblaut heilige Formeln vor. Die Anwesenden scheinen sehr erfreut zu sein und werfen uns Bonbons zu und mehr und mehr. Ein wahrer Regen von Süßigkeiten geht auf uns herab.

Wir haben Hunger. Aber statt uns ein wenig zu gedulden und abzuwarten, mit was uns unser Gastgeber 'Abdul Qādir al-Jilānī wohl noch beglücken würde, stürmen wir den nächstgelegenen Imbiß. Dies war ein großer Fehler mit entsprechenden Folgen: Wahrscheinlich hatte es an den Hähnchen gelegen, rekonstruierten wir später, daß kaum jemand von uns in den folgenden Tagen vom Durchfall verschont wurde. Muqmina wird ernstlich krank, und wir machen uns große Sorgen. Sie wird im Krankenhaus behandelt. Unter den anderen hat ein Medikament Hochkonjunktur, das Sheikh Nāẓim im Heilbuch „Gegen jede Krankheit gibt es ein Mittel" bei Durchfall empfiehlt: Kaffeepulver mit Zitronensaft zu einer Paste verrühren, diese dann zu sich nehmen. Es schmeckt scheußlich, und auch unter großer Anstrengung scheint es kaum zu gelingen, auch nur ein wenig davon herunterzuwürgen.

Wir besuchen den Maqām Ma'rūf al-Karkhīs und trinken aus einer in ganz Baghdad berühmten Heilquelle im Keller des Anwesens, deren Wasser, wie Kundige versichern, nach dem von Zam-Zam, der heiligen Quelle an der Ka'ba in Mekka schmekken soll.

Am Abend gehen wir, da wir den Maqām Junaid al-Baghdādīs geschlossen vorfanden, zum Maqām Ḥussein Mansur al-Hallajens, eines ganz besonderen Heiligen. Salīm erinnerte sich an die erste Frage, die er bei unserem ersten Besuch auf Zypern an Sheikh Nāẓim gerichtet hatte. Sie betraf einen von diesem Heiligen überlieferten Satz: „Wer behauptet, er erkläre Gott als einzigen, der hat ihm schon etwas beigesellt." Diesen Satz, der Salīm beinahe davon abgehalten hätte, die *shahāda*, das islamische Einheitsbekenntnis, zu sprechen, hatte Sheikh Nāẓim ihm damals so erklärt: „Du hast, Salīm, das Problem dieses Satzes längst überwunden." Ein und derselbe Satz sei manchmal für die einen ein erquickendes Heilmittel, für andere aber pures Gift: „It depends on the level of understanding."

Beim Verlassen des Maqāms wird Salīm vom Grabwächter, einem sehr alten Mann in langem weißen Hemd, auf Arabisch angesprochen: Er möchte uns etwas Wichtiges mitteilen. Salīm holt schnell noch Dr. Nasser hinzu, der neben Deutsch, Englisch und Holländisch auch fließend Arabisch spricht. Und der alte Mann diktiert ihm eine Qassida, eine Art Lobgedicht von Ḥussein Manṣur al-Ḥallaj.

Wir gehen zurück und schlafen im Innenhof jener großartigen Moschee, die wir schon besucht hatten. Zum Frühstück sind wir eingeladen. Die Einladung, so wird uns gesagt, geht von dem Heiligen aus, der hier spirituell anwesend ist: von Sheikh 'Abdul Qādir al-Jilānī, möge Allāh seine Seele heiligen. Alle Pilger, die an diesen Ort kommen, sind eingeladen, zu essen und zu trinken. Ehemals Armenküche, wird hier in einem verwinkelten

Gebäude zweimal täglich für vielleicht zwei- bis vierhundert Pilger gekocht. Hierzu werden viele Schafe geschlachtet, die Reissäcke stapeln sich in einem Vorratsraum bis an die Decke, feine Düfte steigen aus der Küche empor. Der zentrale Raum, in dem so herrlich und reichlich Essen gezaubert werden, ist relativ klein.

In seiner Mitte stehen riesige Töpfe von einem bis eineinhalb Metern Durchmesser auf mehreren Feuerstellen. Drei, vier Männer rühren mit Wohlbedacht und frohgelaunt mal hier, mal da die Suppe um und haben alles im Griff. Sie lächeln. Sie lächeln die ganze Zeit über. Wir werden in einen Seitenraum geführt und bekommen dort das Frühstück serviert, sahnig cremigen Joghurt, frisches Brot. Anschließend in die Küche gebeten, trinken wir Tee, eine von uns darf auch einmal den großen Kochlöffel bedienen. Wir sind beeindruckt von der Herzenswärme und der gewaltigen Arbeit, die von diesen paar Personen geleistet wird. *Māshā'llāh.*

Das dem Maqām 'Abdul Q̲ādir al-Jīlānī gegenüber in einer schmalen Gasse liegende Maqām Imām al-Ghaẓālīs war leider verschlossen. Möge Allāh seine Seele heiligen.

11. ḤASAN UND ḤUSSEIN

NÖRDLICH von Baghdad, vorbei an dem spiralförmig gedrehten Minarett von Samara, das wegen seiner eigenartigen Architektur als ein Weltwunder gilt und zu einer einst blühenden Stadt gehörte, führt uns ein verdrehter Wegweiser in die „Irre" und durch eine brennend heiße Steinwüste – es sind fünfundfünfzig Grad Ceslsius – geradewegs nach Karbala und Najaf.

Das Ergebnis ist durchaus sehenswert: zwei wunderschöne Moscheen, die Moschee des Imāms 'Āli al-Hādī und die von Ḥasan al-'Askarī, des Enkels Sayyidinā 'Ālis, der Friede sei auf ihnen allen; leuchtende Goldkuppeln von blendender Schönheit mit prachtvollen Kacheln und kalligraphischen Wunderwerken, Verzierungen und marmornen Böden und Einfassungen, im Innern Prunkgräber persischen Stils unter Kuppeln Tausender und aber

Minarett von Samara

Tausender Spiegel. Professionelle Beter sitzen, in einer Hand mit Geldmünzen klappernd, in der anderen die Gebetskette, *misbaḥ*. Am Eingang und an allen Seiten des Grabes sitzen professionelle Beter und fordern eindringlich Geld. Indem man ihnen einen Betrag gibt, kann man für sich Gebete sprechen lassen. Plötzlich wird unter lautstark skandierten „Allāh"-Rufen ein nur mit einem Tuch bedeckter Leichnam auf einer Bahre hereingebracht. Die Träger hasten mit der schaukelnden Last dreimal um das Grab herum, werden lauter und leiser und verschwinden unter großer Anteilnahme ihrer Umgebung. So kurz dieser Auftritt, so eindrücklich war er doch gewesen.

Der Tod spielt im täglichen Bewußtsein der Muslime eine viel stärkere Rolle als in der Alltagskultur des christlichen Abendlandes. Es gehört zum muslimischen Glauben, sich dessen bewußt zu sein – schon beim Morgengebet legen wir uns kurz so auf den Boden, wie wir im Grab liegen werden –, daß wir nur für einige Zeit auf dieser Erde leben, um danach in ein anderes Leben hinüberzugehen. Wer gestorben ist, soll so schnell wie möglich unter die Erde, heißt es. Auf dem Grab soll immer etwas Grünes sein, denn dann brauche der Tote beim Verwesen nicht zu leiden.

Eine arabische Freundin erzählte einmal: Auf dem Wege vom Totenbett zum Grabe werden dem Verstorbenen vierzig Fragen gestellt, eine von ihnen wird lauten: Wer ist dein Herr? Eine andere: Was hast du geschaffen in deinem Leben auf der Erde? – Über den Tod nachzudenken, wird in der spirituellen Praxis dringend empfohlen: *innā lillāhi wa innā ilaihi rāji'ūn*. „Wahrlich wir sind von Allāh und kehren wahrlich zu Ihm zurück." Das Ziel ist es, glücklich, mit einem Lächeln, zu sterben, sagt Sheikh Nāẓim. Wenn man sich auf den Ḥajj vorbereitet, ist es vielleicht etwas Ähnliches: Alles soll in Ordnung gebracht und zur Zufriedenheit geregelt sein, so daß man es wirklich hinter sich lassen kann.

Ein sehr starker Ort, dessen Besuch wir gleichfalls jenem verdrehten Wegweiser auf unserem weiteren Weg verdanken, ist die goldene Kuppelmoschee von Karbala – das Wort ist aus „*karb*", Kummer, und „*bala*", Unglück, Plage, zusammengesetzt –, wo später durch Bombeneinschüsse im Golfkrieg noch Schäden und Chaos entstehen sollten: der Maqām Ḥusseins, des Enkelsohnes unseres Herrn Muḥammad, der Friede auf ihnen, eines, „der sein Schicksal kannte und nicht auswich". In seiner letzten Schlacht kämpfte er mit drei Getreuen gegen ein Heer von eintausend Feinden, er allein erschlug dreihundert Mann, bevor er selber getötet wurde. Was ist Mut? frage ich mich da: Sein Schicksal zu kennen und nicht vor ihm auszuweichen. Von Neugierde gepackt, gäben wir nicht wenig dafür, über die Zukunft zu wissen, und verbünden wir uns manchmal zu diesem Zweck nicht mit zweifelhaften Wesen und Dingen? Unser Scheich lehrt uns, wachsam und gegenwärtig zu sein, anzunehmen, was auf uns zukommt, und wenn es paßt und stimmig ist, froh damit zu sein. Was dann noch zu tun bleibt, ist, Allāh zu bitten, es uns leicht zu machen und nicht schwer.

'Adla, die Frau des verstorbenen Scheichs Musṭafa, erzählte uns einmal, nach islamischer Überlieferung kenne die menschliche Seele ihr ganzes Schicksal vom Anfang bis zum Ende. Alle Seelen seien von Allāh zu Beginn der Geschichte der Menschheit geschaffen worden und nach und nach durch die Körper auf die Welt gekommen. Jeder Seele sei, bevor sie auf die Welt geschickt wurde, ihr Schicksal gezeigt worden, und sie sei gefragt worden, ob sie mit diesem Leben einverstanden ist. Wer wollte da mit seinem Schicksal hadern: Islam, Gottergebenheit, die wir als Kinder gekannt hatten und – oft nach einem langen Umweg – erst wieder neu lernen müssen. Wir berühren die summenden Silberkugeln der Einfassung des Grabes Ḥusseins und stehen unter Strom. In dieser Moschee soll sich die Handschrift des Korans Sayyidinā 'Ālis befinden. Die Verse des heutigen Korans stehen in einer Reihenfolge, auf die sich die Ṣaḥābas, die Gefährten des Gesandten, auf Anweisung ihres Propheten Muḥammad, Friede sei mit ihm, unter der Schirmherrschaft und dem Khalifat Sayyidinā 'Uthmān Ibn Affans geeinigt hatten. Die Shīa behauptet, hier befände sich das Grab 'Ālis – es gilt als einer der möglichen Plätze seines Grabes –, doch befindet sich hier zumindest ein Maqām. Als *maqām*, „Standplatz", eine Stelle spiritueller Anwesenheit, gilt ein Ort dann, wenn ein Heiliger dort begraben ist oder sich an ihm mindestens vierzig Tage lang aufgehalten hat.

Wir fahren weiter nach Najaf und sehen mehr als dreißig Kilometer vor dem Ort schon von weitem eine zweite Sonne, die goldene Kuppel der Moschee von Imām 'Āli, des Tors des Wissens, uns entgegenleuchten. *Alḥamdulillāh!* Es ist dies ein ganz besonderer Ort. Wir machen Rast, besuchen die heiligen Stätten und füllen unsere Vorräte auf.

Ṣalātu l-magrib, das Abendgebet nach Sonnenuntergang, beten wir in der irakischen Wüste, und sobald die Sonne untergegangen ist, kühlt es sich beträchtlich ab. Es wird gekocht. Es gibt wieder einmal Suppe mit Brot und Tee, ein bißchen zu lange gezogen, aus großen Kannen. „Suppe der Suppen, herrliche Suppen", summt Salīm plötzlich an meinem Ohr das Lied der falschen Schildkrötensuppenschildkröte aus „Alice im Wunderland". Wir legen unsere Isomatten auf den Sandboden und ziehen die Decke über den Kopf, um ein bißchen auszuruhen. Einige haben in der Ferne irakische Soldaten entdeckt, die sich uns nähern. Es scheint, als kämen sie aus dem Nichts, begrüßen uns freundlich, und es entwickelt sich eine angeregte Unterhaltung. Später, als wir aufbrechen wollen, die Dunkelheit ist schon längst hereingebrochen, bitten sie uns, noch zu warten, weil sie uns etwas bringen wollen. Sie bringen kühles Wasser und fünf Liter Traubensaft, und das inmitten der Wüste. Ein paar Schluck dieses köstlichen Getränks für jeden – herrlich!

Körperlich geht es den meisten nicht gut. Magen- und Darmbeschwerden, Übelkeit. Sheikh Nāẓim hatte im Sinne einer Vorbeugung geraten, jeweils Zwiebeln des Landes zu essen. Ich ertappte mich bei dem Gedanken, wie es sich mit den Zwiebeln verhalte, wenn man die Grenze von einem Land zum anderen überschreite. Es muß wohl an der Hitze gelegen haben und daran, daß wir alle sehr unter den Folgen unseres Baghdader Hähnchen-Fehlers litten. Dieser Teil der Fahrt ist sehr hart. Unglaub-

Der Weg nach Mekka führt durch dic Wüste

liche Hitze raubt uns den Atem, sobald der Bus einmal die Fahrt verlangsamt. ʻAbd al-Fatāḥ scheint ernsthaft krank zu werden. Er hat großes Glück, wird er doch von seiner rührend bekümmerten Frau umsorgt.

Wir alle erleben die letzte Strecke vor Medina irgendwie abwesend und halb in Trance. Im Bus kursieren Lose-Blatt-Sammlungen mit Übersetzungen aus Sheikhs Lectures. Die Konzentration reicht nicht aus, etwas Zusammenhängendes zu lesen. Einzelne Sätze geistern mir im Kopf herum: „Ṣirāt ist die Brükke, die übers Feuer ins Paradies führt." – „Die Stufe der Liebe ist nur Stück für Stück zu erreichen. Und das Paradies zu erreichen, ist schwer. Jedes Übel kannst du schnell erreichen, aber es ist gefährlich. Wir brauchen mehr Übung, um die Liebe zu erreichen. In unseren Versammlungen sollten wir zuerst die Liebe üben." – „Niemand versteht den Sinn der Wüsten um die Kaʻba!" – Wann endlich sind wir da...

12. DIE STADT DES PROPHETEN

Auf dem Gipfel krankhafter Zustände und nach unserer Vorstellungskraft nicht mehr steigerungsfähiger Hitze erreichen wir gegen Ende Juni endlich Medina, die „Stadt des Propheten".

Wir hatten unseren Reisebus außerhalb der Stadt auf einem großen Platz abgestellt, waren in öffentliche Transportmittel umgestiegen und hatten den letzten Teil des Weges in gleißendem Licht und großer Hitze zu Fuß zurückgelegt. Es war einfach unglaublich heiß! Unter einem Vordach der Moschee des Propheten Muḥammad, Allāh schicke Segen auf ihn und seine Familie und Frieden, lassen wir uns auf den Marmorboden sinken und bleiben regungslos liegen. Wieder sind wir von Türken aus Deutschland umgeben, die sich uns neugierig genähert haben. Sie reden uns auf Deutsch an, bringen eisgekühltes Wasser und muntern uns auf. „Ihr seid aus Deutschland? *Māshā'llāh!*" lautet ihr anerkennender Kommentar. „Es ist ein besonderer

Segen für euch als Deutsche, daß ihr Muslime geworden seid. Und jetzt seid ihr auf dem Ḥajj!" In dieser Weise respektiert, geht es uns bald wieder besser, sind wir doch auch stolz, daß wir es bis hierhin geschafft haben bis vor die Moschee des Propheten, der Friede sei auf ihm, – aber sehnlich wünschen wir uns einen Platz, wo wir uns einmal richtig ausruhen können, weg aus diesem gleißenden Licht. Die Sonne ist so stark, daß ich kaum etwas um mich herum erkennen kann; ich blinzele nur noch und möchte am liebsten hier liegenbleiben und heroisch sterben. Nur in Mekka wird es noch schlimmer sein. Es ist nun die Zeit des Mittagsgebetes – und Wudu, die kleine Waschung, müßte man auch noch vorher machen – wo sind nur die Waschanlagen?

Plötzlich erhebt sich mächtig und von zärtlichster Süße zugleich der Ruf zum Gebet, ein Adhān, wie ich ihn noch nie zuvor gehört habe. In langanhaltender Intonation kommt er daher, fällt auf die Wartenden herab und bricht sich in jauchzendem Hall. So gibt es ihn vielleicht nur in der Stadt des Propheten und sonst nirgendwo auf der Welt. Es ist etwas so gleichbleibend Typisches an ihm, daß ich mir zutraue, ihn unter vielen anderen herauszuhören – und jedesmal muß ich die Tränen unterdrükken, so sehr rührt es mich. Dieser Adhān ist irgendwie himmlisch, überirdisch schön in seiner Melodie. Und er ist der angemessene Ausdruck des besonderen Glücks, das für uns alle darin besteht, an diesem heiligen Ort sein zu dürfen. Während in Mekka nur der Bezirk um die Ka'ba herum als heilig gilt, kann man in Medina nirgendwo ein Fleckchen Erde finden, das nicht gesegnet ist. Die Stadt des Propheten ist überall heilig. Gleichzeitig hat der Adhān etwas an sich, das einen aus allen Träumen heraus und in die Wirklichkeit zurückbringt, und die lautet: Ich weiß überhaupt nichts, wo waschen, wo beten, wohin überhaupt..., und nur nicht ungeduldig werden, erst recht nicht ungehalten! – Wir versäumen zunächst einmal das gemeinsame Gebet und wollen es später nachholen.

Nach erfrischenden Waschungen sieht die Welt gleich anders aus, und ich suche nach einem Platz zum Beten. Ein türkisches

Mädchen schiebt mich bis vor den Eingang zu einem abgetrennten Betbereich für Frauen. Der Boden ist mit edlen rotgemusterten Teppichen ausgelegt, rechts und links Betonsäulen und mit riesigen Planen abgedeckte Bauflächen. Zum ersten Mal bete ich in Medina, eher ahnend als wissend, daß hier jedes Gebet vielfach zählt.

Nach einer Stunde angestrengten Wartens und dem Genuß eisgekühlten Wassers aus den orangefarbenen Tonnen, die hier äußerst wichtig sind und den Moscheebereich und die Straßen reichlich säumen, kommen unsere Kundschafter mit guter Nachricht zurück: Unser Gastgeber erwartet uns. Also schleppen wir uns und unser Gepäck durch die Straßen ins Altbauviertel, das wie alles, das alt ist und nicht in das modern-arabische Bild des „Schönen" paßt, auf der Abbruchliste steht. Sheikh Musṭafa von Sylt hatte erzählt, daß große Teile der Altstadt Medinas früher aus kleinen schattenspendenden Holzbauten bestanden hatten. Die Saudis haben alles abgerissen. Im selben Viertel stehen noch aus Lehm gebaute Häuser, die uralt sein müssen und sich natürlich in die Landschaft schmiegen. Die meisten Häuser haben an Balkonen und im Mauerwerk kompliziert sich ineinander verschränkende Holzverkleidungen, die uns an osmanische Bauten erinnern.

In den alten Häusern wohnen normalerweise die „Armen", Hungerleider scheint es jedoch nicht zu geben in diesem „frommsten Land der Welt". Im Gegenteil: An Nahrung wird auf keinen Fall gespart. Essen scheint hier eine reine Prestigefrage zu sein, vor allem das Viel-Essen oder, für den Gastgeber zumindest, das Vorzeigen von großen Mengen an Essen. Findet eine außergewöhnliche Feier, beispielsweise eine Hochzeit, statt, so werden große runde Tabletts serviert, auf denen der Reis mit dem Fleisch und anderen Spezialitäten hoch aufgetürmt ist und aussieht, als würde er jeden Moment überquillen. Ein Bruchteil dieser Mengen, vielleicht ein Zehntel, wird am Abend verspeist, ja es scheint geradezu so viel übrigbleiben zu müssen. Der Rest wird verschenkt: an die Nachbarn, Freunde, an Leute wie uns, die wir ja hier gerngesehene Gäste aus dem fernen Europa sind,

In der Prophetenmoschee in Medina

und wenn all diese nicht mehr können, geht es an die Armen. Aber die, so hören wir, sind auch schon übersättigt vom vielen Reis. Wenn die nicht mehr können, so wird es vor die Haustür gekippt, für die Katzen. Und diese sind so dünn wie Striche in der Landschaft. Ich glaube, sie mögen keinen Reis, und die Hitze erschlägt sie.

Die Gäste der Feier haben sich in Schale geworfen und entwickeln eine Kleiderpracht, die ihresgleichen sucht. Unter dem schwarzen Einheitsmantel der Frauen, mit dem sie auf den Straßen für voneinander ununterscheidbar gehalten werden könnten und recht unscheinbar sind, verbergen sich manchmal überraschend auffällige und für den Normaleuropäer extravagant bis grell wirkende Kleidungs- und Schmuckgegenstände. Spitzen, Glitter, fett aufgetragene Schminke, busenbetonte Seidenkleider, Rüschen, aufgetakelte Frisuren, all dies gehört zum Stil bestimmter Schichten saudiarabischer Frauen, wenn sie feiern oder sich auch nur für den Ehemann schönmachen. Wir werden zwar nicht in die High Society eingeführt, doch bekommen auch wir einen kleinen Eindruck von solcher Pracht, da wir verschiedentlich in Privathäuser eingeladen werden. Und wir staunen nicht schlecht...

Die heilige Stadt beweist ihren heilenden Einfluß: Nach zwei Tagen in Medina sind wir wieder gesund und munter, springen während der größten Mittagshitze durch die Stadt und fühlen uns bald wie zu Hause. Die Verkäufer an den Ständen in unserem Viertel kennen uns bald. Einige sind sehr interessiert, sich mit uns zu unterhalten. Man hat den Eindruck, jeder kenne Deutschland und schätze es. Es gibt jede Menge Basare, Märkte, wo es verschiedenste Arten allein von Datteln zu kaufen gibt, die hier wohl sehr gern gegessen werden und ein überaus beliebtes Mitbringsel für die Daheimgebliebenen sind. Und gerade die aus Medina sind unter den Muslimen auf der ganzen Welt berühmt, jeder anderen Dattel gegenüber würde man ihr den Vorzug geben. Auslagen mit Schmuck, duftenden Gewürzen, verschiedensten Hennasorten, Khol für die Augen, in großen Stücken oder zerstoßen als Pulver, Geschäfte, in denen man feine und teure

Kleidung aus Seiden- und anderen guten Stoffen kaufen kann, Tesbihs, Korane, alles, was der Muslim sich so wünscht, ein wahres Einkaufsparadies. Aber das ist nicht der Grund, warum wir uns in dieser Stadt aufhalten.

„Die meisten Muslime wissen nicht", sagte Sheikh Nāẓim einmal, „wer denn da in Medina ist. Siebzigtausend Engel kommen in jeder Sekunde. Und was wissen erst die Christen davon. Sie sagen: ‚Warum besucht ihr Medina?' Alle Propheten versuchten, die Liebe des Herrn an die Menschen weiterzugeben." Wer einmal in Medina ist, vor dem Grab des Propheten steht, der werde von dieser Liebe spüren. Es gebe eine islamische Überlieferung, nach der einst der Prophet Jesus, Friede sei mit ihm, wieder auf der Erde erscheinen und nach Medina kommen wird: „Und er tötet den Dajjāl, die Verkörperung des Erzfeindes alles Guten. Ihr solltet sehen, wenn Jesus kommt, wenn er vor dem Propheten Muḥammad, Allāhs Friede und Segen sei mit ihm, steht. Und 124 000 Propheten stehen hinter ihm."

Die Moschee mit dem Grab des Propheten, auf ihm sei der Friede, ehemalig sein Haus und Hof, wird Jahr für Jahr erweitert, „schöner", prunkvoller und vor allem größer: saudiarabische Gigantomanie, wohin man auch blickt. Überall Hochhäuser, Baustellen, an denen auch des nachts heftig gearbeitet wird. Heilige Stätten werden abgerissen. Beton ist „in". Der Friedhof, auf dem die Sahābas, die Gefährten des Propheten, und deren Familien, möge Allāh mit ihnen zufrieden sein, begraben liegen, wurde mit Bulldozern plattgewalzt, er gleicht eher einer Müllkippe. Kein Fremder findet sich dort mehr zurecht. Diese brutalen Eingriffe haben den Sinn, bestimmte Formen der Frömmigkeit, die den wahabitisch erzogenen Saudis nicht geheuer ist, zu unterbinden. Es soll verhindert werden, daß die Toten geehrt werden, so als wäre es nicht wahr, daß der heilige Prophet lebt, auf dem und dessen Familie Frieden und Segen seien.

Die Saudis scheinen zu befürchten, der Hingabe der Gläubigen an Allāhs Gesandten, auf dem der Friede und Sein Segen seien, nicht Herr bleiben oder werden zu können, wenn es so geblieben wäre, wie es einmal war. Sie haben Angst. Besucher jenes Friedhofs aber – und sie kommen aus allen Teilen der Welt, um den Gefährten unseres Propheten Respekt zu erweisen – sind durchweg befremdet oder gar entsetzt über diesen Ausdruck wahabitischer Lebensart.

Für Wahabiten zählt, vergleichbar abendländischem „sola scriptura", nur der Koran. Vor den verstorbenen und erst recht lebenden Heiligen fürchten sie sich. Und sie gleichen in dieser Haltung eher Mitgliedern bestimmter puritanisch-christlicher Sekten denn Mitgliedern der weltweiten Ummati Muḥammad. Sie gebärden sich dabei als die Schulmeister der islamischen Welt, und sie beherrschen die heiligen Stätten. Ihre Lehre, Erfindung des 18. Jahrhunderts, erscheint vor dem Hintergrund von mehr als tausend Jahren der Geschichte des Islams als eine wirklich fatale Neuerung, *bida'a*, und als die magersüchtige Abstraktion eines ehemals vollblutigen Glaubenslebens. Es ist, als wäre eine wunderschöne farbenfrohe Wiese prächtigster Blumen zu einem Rollfeld glattgebügelt, aus Beton, versteht sich.

Zweimal am Tag ist für die Frauen Besuchszeit in der *Rauda*, dem „Paradiesgarten" des Propheten, der Friede sei auf ihm und Segen auf seiner Familie. Morgens ruft der Adhān um vier Uhr zehn, und nach einem Schluck Tee und dem Genuß einer Dattel breche ich auf. Denn auch sehr früh ist es fast schon unmöglich, noch einen guten Platz zu bekommen. Vor Betreten des Frauenbereichs werden alle Frauen von schwarz gekleideten Aufseherinnen, in langen schwarzen Gewändern mit schwarzen Schuhen, Gesichtsschleier oder –masken und schwarzen Handschuhen überverhüllt, nach Waffen abgetastet. Erst dann dürfen wir uns der ummauerten Grabkammer des Propheten, der ersten Kalifen und seiner Tochter Fatima nähern, der Friede sei auf ihnen allen.

Ein leeres Grab ist dort für Sayyidina 'Īsā bin Maryam, Jesus, den Sohn der Maria, vorbereitet, der Friede sei auf ihm. Früher, das heißt, vor einigen Jahren noch, soll es dort ganz anders ausgesehen haben: Der Besucher konnte direkt die Gräber sehen, wo heute nur Mauerwerk ist. Und Frauen- und Männerbereich waren nicht voneinander getrennt, sondern alles war Männern und Frauen in gleicher Weise zugänglich.

Ich hatte während der langen Fahrt soviel wie möglich versucht, die heiligen Worte des arabischen Korans zu rezitieren, und mich Seite um Seite vorangearbeitet. Und jetzt beende ich meine erste Gesamtlektüre des Korans an diesem besonderen Ort, in der Rauda, mit der Sure *an-Nās*, „Die Menschen“: „Sprich: Ich suche meine Zuflucht zum Herrn der Menschen, dem König der Menschen, dem Gott der Menschen. Vor dem Übel des Einflüsterers, des Entweichers, der da einflüstert in die Brüste der Menschen – vor den Jinnen und den Menschen.“ Gerade bei der letzten Sure letzten Worten *...mina l-jinnati wa n-nās* wurde unüberhörbar in die Hände geklatscht und die Besuchszeit für beendet erklärt. Jetzt führten die Frauen des Reinigungsdienstes das Regiment. Ich war glücklich.

Wir treffen uns mit den anderen vor der Moschee und beschließen, uns mit exotischen erfrischenden Getränken an der besten Getränkebar, die wir ausmachen können, zu stärken. Mittags kann man davon gar nicht genug kriegen. Wir streichen langsam über den weiten Vorplatz. Zu den Gebetszeiten ist auch hier alles mit Betenden belegt. Dort beten dann die, die spät dran sind oder vor lauter Leuten nicht mehr den Innenhof der Moschee erreichen. Jetzt haben an beiden Seiten des Vorhofes wieder zahlreiche Stände geöffnet, wo fleißig allerlei Andenken verkauft werden: Schlüsselanhänger mit dem Motiv der Prophetenmoschee, Gebetsteppiche mit dem Muster der Prophetenmoschee, Tücher, Plastik-Tesbihs, Parfüms und jede Menge Spielzeug für die Kinder. Wir überqueren die Straße, die in unser Viertel führt, und folgen ihr. Sie ist gesäumt von Ständen und Geschäften, manch einfacher Verkäufer hat sich auch hier einen guten Platz ergattert und preist seine Ware an: super muslimische Unterhosen! Auch viele ältere Frauen finden sich hier ein, die am Boden sitzen und meist Oberbekleidungsstücke und Unterwäsche verkaufen. Einige haben auch das Gesicht verschlei-

Beim Gebet in der Prophetenmoschee

ert. Von verschiedenen Seiten duftet es synchron nach köstlichem Essen. Wir folgen einem dieser Düfte in eine kleine Gasse, die von der Hauptstraße abbiegt. „Sollen wir jetzt in dieses oder in ..." Von den vielen guten Gerüchen verwirrt, wissen wir nicht, worauf wir denn eigentlich Hunger haben. Von den Restaurants suchen wir uns schließlich ein türkisches aus und bestellen Pizza und Ayran. Das Lokal, wo man drinnen wie draußen sitzen kann, ist vollbelegt. Wir sind einige Zeit beschäftigt, bis wir uns vorgearbeitet und unser Mahl bestellt haben. Die Männer haben einige Gespräche mit türkischen Pilgern. Für Frauen ist nicht viel Platz, ich quetsche mich dazu. Einige scheele Blicke von Männern, die mich spüren lassen, daß ich hier nicht erwünscht bin, treffen mich in einer Weise, daß sie gerade an mir vorbeigehen. Sie glotzen dabei, ohne dich anzusehen versteht sich, nur um so nachdrücklicher. Das geschieht hier öfter, ist aber, auch wenn ich dieses Benehmen – gern hätt ich einem von ihnen den Teller mit heißer Suppe ins höchnäsige Gesicht gekippt! – unverschämt und heuchlerisch finde, eigentlich deren Problem.

Es ist Sunna, vierzig Gebete lang, das bedeutet bei fünf Gebeten täglich acht Tage, in Medina zu bleiben, bevor es nach Mekka weitergeht. Ich träume so gut in der Wohnung des Backsteinhauses unseres Gastgebers unter den altmodischen Ventilatoren aus den Zeiten Noahs, aber der nahe Aufbruch ist schon geplant. Morgen nach dem Freitagsgebet soll es weitergehen. Juma' beten wir einmal in einer anderen Moschee ganz in der Nähe unseres Hauses. Es ist eine alte Moschee, die sich aber auch füllt. Die Predigt ist natürlich auf Arabisch, und ich verstehe kaum ein Wort, es ist aber trotzdem nicht langweilig. Wir sind die einzigen hier, die die Sunnagebete beten. Der Mehrheit ist's mit zwei Raka'ts genug, und sie verstreut sich in Windeseile. Am Abend startet der Bus, und wir fahren die Nacht durch mit kurzen Aufenthalten.

ZWEITER TEIL

DIE RITEN DES ḤAJJ

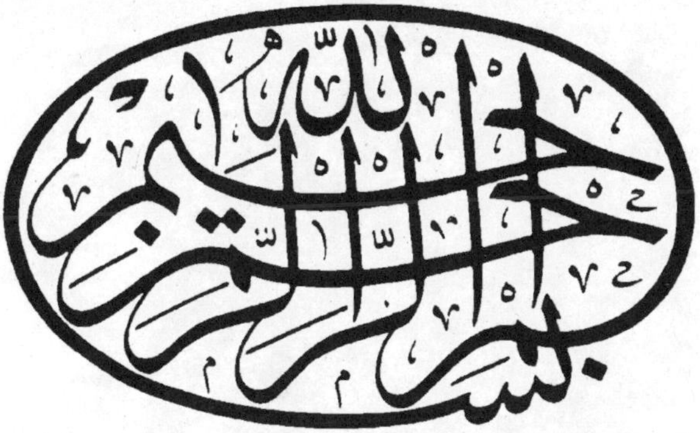

13. DAS PILGERGEWAND

Die Pilgerfahrt im engeren Sinne beginnt mit einem besonderen Ritual. Zehn Kilometer südlich von Medina hatten wir dazu in Dhu l-Khalifa Halt gemacht. Dies ist für die aus dem Norden Einreisenden der Ort, sich aus normalen Menschen in Pilger zu verwandeln. Im weiteren Sinne des Wortes waren wir natürlich schon seit unserem Aufbruch von zu Hause auf der Pilgerfahrt, ja, wenn der entscheidende Teil einer Handlung im Fassen der Absicht besteht, sogar schon viel früher. Im engeren Sinne aber beginnt es hier, an diesem Ort, der große Ähnlichkeit mit einer Badeanstalt hat, nur ohne Schwimmbecken. Großräumig angelegte Abteilungen mit sanitären Anlagen blitzen vor Sauberkeit. Alles macht einen modernen und gepflegten Eindruck, und wir sind alle etwas aufgeregt. Bis hierhin haben wir schon einen Weg zurückgelegt, doch nun wird es ernst.

Zuerst nehmen wir ein Duschbad mit der Absicht, uns seelisch und körperlich zu reinigen. Dann treten wir in den Ihrām ein, den Weihezustand des Pilgers. Wir Frauen legen bedeckende Kleider in schlichten Farben an. Anders als bei den Männern ist hier die Wahl der Farbe freigestellt, solange sie nicht auffallend ist. Aller Schmuck, der Aufmerksamkeit auf sich ziehen könn-

Nach dem Duschbad in Dhu l-Khalifa

te, wird abgelegt. Männer tragen zwei Tücher aus weißem Frotteestoff, eines wird wie ein Lendenschurz um die Hüfte geschlungen und mit Sicherheitsnadeln oder einem Gürtel festgemacht, das andere über eine Schulter gelegt. Sodann wird die Absicht gefaßt, den Ḥajj zu unternehmen, und dieser Entschluß drückt sich in Worten aus, denen wir auf verschiedenen Etappen der Pilgerfahrt immer wieder begegnen werden: *labbaika llāhumma labbaik, labbaika lā sharīka laka labbaik, inna l-ḥamda wa n-ni'mata laka wa l-mulk, lā sharīka lak.*" „Hier bin ich, o Allāh, hier bin ich. Hier bin ich, der Du keinen Gefährten neben Dir hast. Hier bin ich, wahrlich, Preis, Huld und Herrschaft sind Dir. Kein Gefährte neben Dir." Wir beabichtigen, all das zu tun oder zu unterlassen, was für diesen heiligen Zustand vorgeschrieben ist.

In einem kleinen Heftchen, herausgegeben von der saudiarabischen Regierung, sind die Vorschriften minuziös beschrieben, und wir studieren sie eingehend, auch wenn einige der dort abgedruckten Passagen uns als umständlich und unausgereift bis bizarr erscheinen: Wer auch immer die rituellen Kleidungsstücke des Ihrām angelegt hat, um Ḥajj oder Umra zu vollziehen, für den gelte, daß er die Vorschriften Allāhs befolgen und die Pflichten der Religion des Islam erfüllen muß wie die Verrichtung der fünf täglichen Gebete in Gemeinschaft und zur vorgeschriebenen Zeit. Er muß vermeiden, was Allāh während des Ḥajj zu tun verboten hat, wie „die ehelichen Beziehungen zu pflegen oder sich gar Ausschweifungen hinzugeben". Zank und Streit sind zu vermeiden, ebenso, jemandem mit Worten oder Taten Schaden zuzufügen. Außerdem soll man darauf verzichten, Haare oder Nägel zu schneiden oder sich zu parfümieren. Das Parfümverbot gelte auch für Kleidung, Essen oder Trinken. Es wird eigens erwähnt, daß es keine Beeinträchtigung für den Pilger bedeute, „wenn auf seiner Kleidung des Ihrām der Duft von Parfüm zurückbleibt, der von vor der Zeit seines Weihezustandes stammt". Es ist verboten, Tiere zu töten oder auch nur zu erschrecken oder an der Jagd teilzunehmen. Der Pilger darf weder Bäume noch andere grüne Pflanzen aus dem heiligen Bereich, *haram*, abschlagen oder abschneiden, weder vor noch nach Eintritt in den Weihezustand. Er darf keine Fundsache auf dem Weg aufheben, es sei denn, um den Eigentümer festzustellen. Dem Pilger ist es nicht erlaubt, sich zu verloben oder die Ehe zu schließen, sei es für sich selbst oder einen anderen. Er darf sich mit seinen Frauen nicht sexuell betätigen, so wie er auch nicht fleischliche Begierde zeigen darf. Diese Verbote gelten für Mann und Frau gleichermaßen.

Die folgenden Verbote betreffen den Mann: „Der Pilger darf seinen Kopf nicht mit einem Gegenstand bedecken, der den Kopf berührt. Dagegen kann er einen Regenschirm benutzen oder unter dem Dach eines Autos Schutz suchen oder seine Gebrauchsgegenstände in einem Bündel über dem Kopf tragen. Er darf kein Hemd oder ähnliches Kleidungsstück tragen, das im ganzen oder in Teilen genäht ist, ebenso weder Burnus noch Turban, noch Hosen, noch Schuhe oder Socken. Gleichfalls, wenn er keine Sandalen hat, kann er ohne Bedenken Schuhe tragen." „Den Frauen ist es untersagt, während des Ihrām Handschuhe zu tragen und das Gesicht mit einem Schleier zu bedecken. Wenn sich die Frau jedoch in Gegenwart von Männern befindet, die ihr fremd sind, muß sie das Gesicht verschleiern, so als wäre sie nicht im Zustand der Weihe..." Da während des Ḥajj Männer und Frauen ohnehin nicht voneinander getrennt sind und im Unterschied zum Kopftuch eine Verschleierung des Gesichtes sonst auch nicht allgemein üblich ist, frage ich mich, wer solche Texte verfaßt.

Die Riten des Ḥajj können auf drei verschiedene Arten vollführt werden: Erstens *al-Tamattu'*: Während der Monate Shawwāl, dem 10. Monat, Dhu l-Qa'da, dem 11. Monat, und während der zehn Tage des Dhu l-Ḥijja, dem 12. Monat des islamischen Jahres, kann der Pilger Umra zelebrieren. Danach beendet er seinen Zustand der Weihe und erfreut sich wieder seines normalen Lebens, wie es ihm erlaubt ist, während der Zeit zwischen der Umra, der „kleinen individuellen Pilgerfahrt", und dem Ḥajj, der „großen Pilgerreise". Dann, am Tag der Tarwiyah, dem 8. des Monats Dhu l-Ḥijja, legt er erneut die Kleidung des Ihrām an, sei es in Mekka oder an einem anderen Ort. Dies muß im selben Jahr im Anschluß an die Umra stattfinden. – Zweitens *al-Qirane*: Bei der Quirane vollführt man Umra und Ḥajj zusammenhängend, während man die rituelle Kleidung anbehält, ohne zwischenzeitlich den Weihezustand aufzuheben. Der Pilger legt den Zustand der Weihe erst am Tag der Opferung ab. – Drittens *al-Ifrād*: Dies ist Ḥajj ohne Umra. Man trägt die Kleidung des Ihrām entweder ab dem Mīqāt, dem geographischen Ort, der das geheiligte Gebiet begrenzt – in unserem Fall war das Dhu l-Khalifa –, oder ab Mekka, wenn man dort wohnt, oder von einem anderen Ort aus vor dem Mīqāt. Der Pilger bleibt dann in der Kleidung des Ihrām bis zum Tag der Darbringung seines Opfers. Als der verdienstvollste der Riten gilt der Ritus des Tamattu', weil der Prophet, Allāh schenke ihm Heil und Segen, ihn seinen Gefährten empfohlen und ihnen seine Vorliebe für diese Art der Pilgerfahrt angezeigt hat." Nach eingehender Lektüre und nachdem genug Verwirrung gestiftet worden ist, sind wir bereit. Wir fahren nun die letzte Wegstrecke bis nach Mekka. Gegen Fajr legen wir eine kleine Ruhepause ein. Auf dieser befahrenen Straße nach Mekka wollen wir uns mit befreundeten Türken treffen, einem anderen Ḥajj-Bus, der uns bei der Weiterfahrt helfen wird. Wir treffen sie tatsächlich in dem unglaublichen Gewühl an Bussen. Wir nähern uns dem Ziel der Reise.

14. DIE MUTTER DER STÄDTE

„SIEHE, das erste Haus, gegründet für die Menschen, wahrlich, das war das in Bekka – ein gesegnetes und eine Leitung für alle Welt." (Koran, 3:90)

„In ihm sind deutliche Zeichen – die Stätte Abrahams. Und wer es betritt, ist sicher. Und der Menschen Pflicht gegen Allāh ist die Pilgerfahrt zum Hause, wer da den Weg zu ihm machen kann." (3:91) So heißt es in „Das Haus 'Imrān", der dritten Sure des Korans. Nach koranischer Auffassung ist 'Imrān der Vater der Jungfrau Maria, die zusammen mit ihrer Schwester Elisabeth, Jesus, Johannes und Zacharias das „Haus ʻImrān" bilden.

Warum sich die Gläubigen zur Pilgerfahrt nach Mekka begeben, liegt in der Geschichte dieses Ortes als Wiege des Monotheismus begründet. Denn die Stadt gilt als Ursprung des Glaubens an den einen und einzigen Gott, seine Geschichte geht bis auf den Anfang der Menschheit zurück. Hier wurde nach der Offenbarung der erste Tempel zur Anbetung Gottes für die Menschen erbaut. Adam soll der Erbauer der ersten Kaʻba oder des „alten Tempels" gewesen sein. Dieser ursprüngliche Tempel sei bei der Sintflut zerstört worden.

Der Prophet Abraham, der Friede sei auf ihm, gemeinsamer Stammvater der drei monotheistischen Religionen Judentum, Christentum und Islam, erhielt in späterer Zeit den Auftrag, das Haus Gottes wieder aufzubauen. In Gedenken an Abraham und im Bewußtsein des Aufbaus der heiligen Stätte durch Abraham vollzieht sich bis in unsere Tage der Besuch der Kaʻba. So spielen Ereignisse im Leben Abrahams bei den verschiedenen Ritualen des Ḥajj eine besondere Rolle.

Bei der Vielfalt verschiedener Meinungen darüber, ob Adam, der Friede sei auf ihm, der den Muslimen als der erste Prophet gilt, der Erbauer des Gotteshauses war, ist man sich doch im Grundsatz darin einig, daß Mekka eine sehr alte Stadt ist und die Kaʻba der erste Ort, an dem der eine und einzige Gott verehrt wurde. Die Archäologie lehrt uns, daß auf der Arabischen Halbinsel einstmals ein gemäßigtes Klima mit häufigen Niederschlägen geherrscht habe, das Land daher so fruchtbar gewesen sei, daß eine Anzahl von Kulturen dort ihren Anfang genommen hat. Wegen seiner Lage im Zentrum des Westens der Halbinsel wurde Mekka zu einem wichtigen Handels-und Umschlagsplatz für Karawanen. Dann dehnte sich die Wüste aus.

In Mekka wurde auch der Prophet Muḥammad geboren, Allāh segne ihn und schenke ihm Heil. Dort wuchs er auf, und dort empfing er nach langer Vorbereitung auf seine Prophetenschaft die mekkanischen Verse der Offenbarung in der Folge mehrerer

Jahre. Gelegentlich geschah dies auch, wenn er auf der Reise war, und es wird erzählt, daß er dann zusammengesunken auf seinem Kamel gesessen habe und dieses unter der Last des Empfangenen zu Boden gedrückt worden sei.

Nicht weit von der Stadt entfernt kann der Besucher den Jabal Nūr, den Berg des Lichts, ersteigen. Am Ende eines felsigen und teils steilen Aufgangs – die Ersteigung ist dem Pilger nur zu bestimmten Zeiten erlaubt, worauf eine große Hinweistafel am Fuße des Berges aufmerksam macht –, befindet sich eine kleine Höhle, in der der Prophet, der Friede sei auf ihm, oft vor Morgenanbruch gesessen und gebetet hat. Hier begegnete er dem Engel Gabriel, dessen Flügel vom Himmel bis zur Erde reichten und die Sonne verdunkelten. In der Höhle hatte er ihm befohlen: „*iqrā'*!", „Lies! Im Namen deines Herrn, der erschuf, erschuf den Menschen aus geronnenem Blut. Lies, denn dein Herr ist allgütig. Der die Feder gelehrt, gelehrt den Menschen, was er nicht gewußt". (*Koran*, Das geronnene Blut, 96:1-5) Mit diesen Worten hatten die Offenbarungen begonnen, und der Engel zwang den geehrten Propheten zu gehorchen. Und Muḥammad, auf dem der Friede sei und der heute noch liebevoll als *ummi*, als ein des Lesens und Schreibens Unkundiger, verehrt wird, mußte die ersten Worte lernen, die ihm geoffenbart wurden und später als die Worte des Korans – arabisch *al-qur'ān*, „des zu Rezitierenden" – aufgeschrieben werden sollten.

Am Eingang der Höhle, wir wähnten uns zu ungewohnter Zeit lange vor Tagesanbruch die einzigen Besucher, sitzt ein alter Pilger, unscheinbar, fast durchsichtig und wie zusammengeschrumpft, doch beeindruckend stolz und aufrecht, seine Augen leuchten. Er ist Inder, sagt uns ein junger Mann, der allerlei aus der Prophetengeschichte zu berichten weiß. Es scheint, als säße der Alte schon immer dort. Ob er vielleicht der Heilige ist, der diese Stätte bewacht? Jedenfalls wohl einer, der langes Fasten und tiefe Innerlichkeit eingeübt hat.

Vom Jabal Nūr aus kann man weit schauen: ringsherum Hügel und Täler, die allmählich zusammenlaufen, Häuserreihen und ganze Siedlungen, Ausläufer der Stadt Mekka. Im Koran hat die Stadt Mekka viele Namen: Sie wird *umm al-qūra*, „Mutter der Städte", *al-balad al-ʿamīn*, „die sichere, friedliche Stadt", als *al-bait al-atīq*, „das alte Haus" genannt oder *al-bait al-ḥarām*, „das verbotene Haus" – „verboten" all denen, die sich nicht zu dem einen Gott bekennen, nicht „*lā ilāha illa llāh*" sagen und nicht Muslime sind. Fünfmal am Tage wenden sich Hunderte von Millionen Muslimen aus allen Teilen der Welt in ihrem Gebet dem Herzen dieser Stadt zu und hoffen, daß ihre Gebete erhört werden.

15. DER ERSTE ṬAWĀF

IN MEKKA – es herrscht absolutes Verkehrschaos – springen wir aus dem Bus, der nur kurz halten kann, und bahnen uns zwischen unglaublich vielen Menschen einen Weg, sehr darauf achtend, uns nicht zu verlieren. Für diesen Fall haben wir schon vorher einen bestimmten Treffpunkt an der Kaʿba ausgemacht, nämlich eine Stelle im oberen Stockwerk der eine halbe Million Menschen fassenden Moschee. Wir brauchen nur der Richtung zu folgen, in die die goldene Regenrinne an der Kaʿba weist. Und dann, drei Wochen nach unserer Abfahrt, stehen wir – für die meisten von uns ist es das erste Mal – vor der Moschee, in deren Inneren jener große mit schwarzen, goldbestickten Tüchern behangene Würfel steht: „*allāhu akbar*", Gott ist überaus groß.

In Erwartung dieses großen Augenblicks waren wir die Treppen zu einem der Tore hinaufgestiegen, hatten die Schuhe in die Hand genommen und in einem Beutel am Körper verstaut, um sie in einem Chaos von Bergen an Schuhen nicht zu verlieren. Wir hatten Wächter passiert, die kurz kontrollieren, was man bei sich trägt, und waren durch die unteren schattenspendenden Säulenhallen in Richtung auf den Innenhof gegangen. Und dann plötzlich, bei einer Änderung des Blickfeldes, hatten wir einen Teil von ihm erspäht, und gleichzeitig fühlen wir uns, als hätte er uns gesehen. Wir betreten das große weiße Feld aus Marmor, das den schwarzen Würfel umgibt. Und wir beginnen mit der ersten Umrundung, *ṭawāf*, tauchen ein in die kreisende Menge: „*Bismillāh, allāhu akbar, wa lillāhi l-ḥamd.* Im Namen Gottes, Gott ist über die Maßen groß, und Ihm sei Preis!" Unsere bloßen Füße ertasten den glatten Marmor, und wir betreten eine andere Welt. Die erste Runde laufen wir entsprechend der Überlieferung sehr schnell und tun so, als wären wir besonders frisch und stark. Das ist Sunna. Als der Prophet Muḥammad, Friede sei mit ihm, zu seiner Zeit nach einer entbehrungsreichen Reise zu Fuß oder auf einem Reittier nach Mekka gekommen war, um auch seinen Feinden die triumphale Rückkehr anzuzeigen, da hatte er nach all den Ermüdungen und Strapazen erst recht alle Kraft zusammengenommen und schnellen Schritts die Ka'ba umlaufen.

Mit jeder Umrundung kommen wir in einen stärkeren Sog, und manchmal geschieht es, daß du im größten Gedränge bist und nicht einmal berührt wirst, im nächsten Augenblick treten sie einem die Füße platt, und man denkt nicht, mit heiler Haut davonzukommen. Es ist strengstens verboten, sich inmitten der großen Menschenmenge zu bücken, was immer auch man verlieren mag, Geld, Tuch, eine Sandale. Es ist gefährlich, denn man könnte umgestoßen und niedergetrampelt werden, andere könnten über einen fallen und nicht mehr hochkommen. Oder es könnte so aussehen, als wollt man etwas aufheben, das einem nicht gehört. Eine Runde ist beendet, wenn die auf dem Boden gezeichnete schwarze Linie wieder erreicht ist, die anzeigt, daß man sich beim Ṭawāf auf der Höhe des Schwarzen Steines befindet. Unter gleißender Sonne fühlt sich die schwarze Markierung glühend heiß an, während der weiße Marmor angenehm kühlt. Diesen Streifen überschreitend rufen wir: „*Bismillāh allāhu akbar*" – „im Namen Gottes: Gott ist überaus groß" und heben die rechte Hand, so daß die Handfläche in Richtung auf den Schwarzen Stein zeigt. Es heißt, die Handfläche würde jedesmal von dem Schwarzen Stein, der der Überlieferung nach ein Engel aus dem Paradies ist, gewissermaßen „abgelichtet" und bei Gott und den Engeln in einem Buch registriert.

Da ist dann noch das goldene Tor, das Tor zum Hause Gottes. Einige hängen sich an den Sims, bis sie von Aufsehern vertrieben werden... In einer Nische in der Nähe ist ein Glaskasten mit einem Fußabdruck Abrahams. Hier werden zwei Rak'ats gebetet. Wer zwischenzeitlich verlorengegangen war, findet sich hier mit den anderen wieder ein.

Alḥamdulillāh! Unter Tausenden von Pilgern fühle ich mich nicht verloren oder anonym, sondern als Individuum, als einzelner Mensch, der von seinem Schöpfer gesehen und geliebt wird. *Inna llāha baṣīrun bi-l'ibād* – Wahrlich, Allāh schaut auf Seine Diener. Und wie kann das nur beschaffen sein, worauf Sein heiliger Blick fällt!

Von welcher Art ist dieses schicksalhafte Band hier? Ist es die Liebe der Geschöpfe zu ihrem Schöpfer, ist es die Liebe des Schöpfers zu seinen Geschöpfen, ein Ausdruck jener Kraft des Herrn der Welten, der die Himmelskörper in ihren Bahnen hält und Elektronen um den Atomkern kreisen läßt? – Rätselhaft und eigentümlich vertraut zugleich, über alle Maßen erhaben und dabei maßlos in Gnade und Vergebung, unverrückbar mächtig und zugleich grenzenlos freundlich und wohlwollend, wir Menschen, überflutet von uferlosen Meeren des Erbarmens, Tränen fließen vor lauter Glück: Und wahrlich unser Schöpfer sieht auf Seine Diener!

Es ist, als würden wir in einer höheren Wirklichkeit aufgelöst, ohne dabei vernichtet zu werden. „Oh", jauchzt der sich im Meer auflösende Wassertropfen, „jetzt bin ich Meer!" Es ist wie in der berühmten Geschichte *Mantiq aṭ-ṭair* von Fariduddīn Aṭṭār, wo eine versprengte Schar der Vögel zerzaust und geschunden, doch über die Maßen glücklich, den Hof des Simurghs hinter dem Berge Qāf erreicht, nicht wissend, ob das, was sie sehen, der Simurgh ist oder sie selber sind, ob sie der Simurgh sind oder er sie ist, da sie die Stimme des Dieners des Simurghs hören und seinen Rat: „Drum löst euch in Ihm auf, um in Ihm ganz ihr selbst zu werden." O Du Heimat unserer Seelen und Reiseziel unseres Lebens und Sterbens, Dich preisen wir! *„Innā lillāhi wa*

Unser Treffpunkt auf den Emporen vor der Ka'ba

innā ilaihi rājiʿūn". Wahrlich wir sind von Gott und kehren wahrlich zu Ihm zurück.

Unwiderstehlich angezogen scheint jede Zelle des Körpers zu jubilieren, da in der Sekunde höchster spiritueller Verzückung einem der nächste Nachbar im Gedränge der Menschen gerade wieder auf die Füße tritt. Und dann der Stoß in den Rücken! Da ist er wieder, der unaufhaltsame Stoßtrupp afrikanischer Frauen, die, einander festhaltend, in farbenfrohem Laufschritt und laut rufend sich den Weg bahnen.

Und an dieser heiligen Stätte, ist es da so anders als sonst im Leben? Hat das wirklich Heilige nicht unvermeidlich das Schlichte und Einfache zum Freund, das Sakrale das Prophane? Warum nur ist das Paradies von Dornengestrüpp umgeben, warum liegt Mekka mitten in kargster Einöde, warum sind die *auliyā'*, die Freunde Gottes, so oft von Teufeln umgeben? – Einem gewöhnlichen Sterblichen erscheint der Alltag allzuleicht als Feind seiner Erhebung zum Schöpfer, jeder Puff und Knuff als Feind der Heiligkeit. Ein Abenteurer, wer den Widerstand im Leben als freundlichen Wink des unendlich Barmherzigen verstünde, oder ein Heiliger: Ein wahrer Held des Lebens, dem jeder Atemzug Sinn und Bedeutung hat, Schritt auf Schritt dem Höchsten zu.

Wir befinden uns am untersten Ende des „Fußes des Thrones Gottes". Und wir nähern uns bei jeder Umrundung dem viereckigen Klotz, berühren die jemenitische Ecke. Auf der Höhe der Ecke mit dem Schwarzen Stein darf man etwas stehenbleiben und hoffen, näher heranzukommen. Es gelingt ... bis auf einen halben Meter..., dann werden wir von der Menge weitergetragen zu einer neuen Umrundung.

In größeren Bögen zieht eine Karawane von Holzpritschen und Tragen ihre Kreise um die Kaʿba. In ihnen sitzen Alte und Schwache, die diese Anstrengung nicht mehr allein schaffen können. Von muskulösen Schwarzen – es sind Angehörige bestimmter Stämme, einige haben tiefe Einkerbungen im Gesicht – werden sie schnell und sicher getragen. Oben schaukeln runzelige, alte und schwache Männer und Frauen leicht hin und her, die

Augen auf die Ka'ba gerichtet. Wenn man den Trägern in die Quere kommt, schreien sie laut, daß man vor Schreck schnell zur Seite tritt: „Ḥajji, yā Ḥajji" oder „yā Ḥajjar"! „O Pilger", aus dem Weg! Jeder redet hier jeden so an oder ruft ihm hinterher. Es hört sich so ähnlich wie mein Name an, so daß ich mich oft am Tage umdrehe und mich frage: „Hat mich jemand gerufen?"

Alles dreht sich, nur dieses Gebäude, das mit einer brokatenen goldbestickten Decke bedeckt ist, steht still. An den Seiten ist die wunderschöne schwere Decke hochgeschlagen, darunter sind die Mauersteine der Ka'ba sichtbar, von weißem Mörtel gefaßt. Von allen Seiten schwirren Begrüßungsformeln heran, die im Angesicht der Ka'ba fortwährend ausgestoßenen werden, Lobpreisungen, Rufen, Weinen, ein ganz besonderer Tag wird geprobt: der Tag des eigenen Todes, vor Ihm zu stehen oder Seinem Haus. Jeder wird sich eines Tages verantworten müssen, aber keiner Seele, so wird im Koran versprochen, werde die Last einer anderen aufgeladen werden.

16. DER SCHWARZE STEIN

AN DER ECKE, in die mit armdicker Silberfassung der heilige schwarze Stein eingelassen ist, gibt es bei jeder Umrundung großes Gedrängel. Jeder versucht, diesen Stein zu küssen oder wenigstens, ihn zu berühren. Die wenigsten erreichen ihn, großen Ehrgeiz legen die Pilger in den vordersten Reihen darin, es doch zu schaffen. Und selbst möchte einen auch schon der Ehrgeiz packen, würd' ich mich am liebsten sofort dorthin durchzwingen. Es hat schon Verletzte und sogar Tote bei dem Versuch gegeben.

Nach der Überlieferung sprach einmal Sayidina 'Āli zu 'Umar ibn Khattab, möge Allāh mit ihnen zufrieden sein: „Der Herr der Welten hat uns mitgeteilt, daß der Schwarze Stein vor dieser Zeit ein Engel war, und noch immer hat er Bewußtsein. Am Tag des Gerichts wird er Zeugnis ablegen: Er legt Zeugnis ab über alle Pilger, die während des Ḥajj vor ihn treten, und ihre Namen werden von ihm in ein Buch geschrieben. In ihm verzeichnet er deren Namen und berichtet sie am Tag des Gerichts, denn der Ḥajaru l-Aswad hat auch einen Mund, mit dem er dann sprechen wird."

Einem unserer Brüder, Nūruddīn aus Marokko, gelingt es, den Schwarzen Stein zu berühren: „Ich bin einfach auf den Boden gegangen", erzählte er am Abend stolz, „und unter den Leuten her bis zum Schwarzen Stein hin getaucht." Glückwünsche und Beifall von allen Seiten an den Glücklichen.

Wer mit Gewalt durchzukommen versucht, der hat es schwer. Denn es ist kein Adab, kein gutes Benehmen. Wer sich den hin und her wogenden Menschenmassen aber anpaßt und fügt, dem kann es geschehen, daß er von den Wellen der Gläubigen unvermittelt zum Ziel seiner Sehnsucht getragen wird: *„Alḥamdulillāh!* Preis sei Gott!"

Wie die *auliyā'*, die Freunde Gottes, die Heiligen, die heilige Ka'ba erleben, das hatte uns Sheikh Nāẓim aus Zypern einmal erzählt: »Einst war ich mit meinem Großsheikh in Mekka, Allāh möge Mekka ehren und die, die es besuchen. Wir gingen um die heilige Ka'ba, und die Leute um uns herum stritten sich, knufften sich, stießen sich gegenseitig vorwärts. Dann plötzlich nahm Großsheikh meinen Arm, und ich befand mich auf einmal über der ganzen Menschenmenge mit ihm, über ihren Köpfen zwischen anderen stillen weiß gekleideten Wesen. Sie schienen Engel zu sein. Niemand war unter ihnen, der einen anderen verletzte, wie Schmetterlinge waren sie. Unter uns die kämpfende und zankende Menge, und hier lauter Schmetterlinge! Ich sah ihre Füße nicht auf irgend etwas treten. Und Großsheikh sagte zu mir: „Sieh nach oben!" Und ich sah über uns eine weitere und darüber noch eine und eine vierte Menge gleicher Wesen, bis in die Himmel hinein alles Diener unseres Herrn. Sie gehören auch zu den Kindern Adams, aber sie sind ebenso Engel. *Bait ul-ma'mur*, die Ka'ba der ersten Himmel, gehört ihnen. Großsheikh zeigte mir ihren Stand, ihren Rang, und die Menge der Streitenden hinter uns lassend, gingen wir dort, wo plötzlich alles still, voller Ruhe und Frieden war. Sie haben eine Welt, aber es ist nicht unsere Welt. Je mehr ihr euch geistiger Vervollkommnung nähert, desto mehr könnt ihr ihre Welt besuchen, ihre Länder, die Länder der Friedvollen. Hier in unserer Welt sind wir Sklaven unseres Egos, jene in ihrer Welt haben ihr Ego versklavt. Hier ist Kampf und Unfrieden, dort gibt es weder Kampf noch Streit. Jeder kennt seinen Weg, jeder zieht in Ruhe seine Bahn, niemanden störend, niemanden verletzend. Ihre Namen sind Budala, Nukaba, Nujaba, Autad, Akhiar: fünf Gruppen, die hinter dem Berge Qāf leben. Wer also den Fußstapfen der Propheten folgt, den Heiligen folgt, denen der Zugang zu diesen Gegenden geöffnet wurde, für den werden Leid und Traurigkeit ein Ende haben. Ozeane der Freude werden auf sie regnen.«

„Mekka" – wie oft hört man in Deutschland Ausdrücke wie „das Mekka der Briefmarkensammler", „das Mekka der Eiskunstläufer" oder „das Mekka der Mac-ianer", der Macintosh Computer Fans. All diese Ausdrücke zehren trotz ihres prophanen Sinns vom überragenden Rang eines einzigartigen Ortes. Ich bin hier nicht im Mekka der Philatelisten oder in irgendeinem Mekka irgendeines abgeleiteten Sinns, ich bin an keinem geringeren Ort als in Mekka selbst, der „Mutter der Städte". Und Mekka ist im Wesentlichen dieser schwarzgekleidete Würfel. Was es mit ihm auf sich hat und warum sich die Muslime aller Welt im Gebet nach diesem Punkt ausrichten, gern wüßt ich es!

17. DIE GESCHICHTE DER KAʿBA

LEUCHTEND KLAR steht die Erzählung Ḥajji Aminas vor mir, der Frau Sheikh Muḥammad Nāẓims, des vierzigsten Sheikhs in der Überlieferung der ehrenwerten Naqshbandi-Ṭarīqat.

Die Überlieferungskette des Naqshbandi-Ordens, dem er als Sheikh vorsteht, geht bis auf die altehrwürdigen Khawajagān, jene „Meister der Weisheit" zurück, die sich um die Jahrtausendwende in Bukhara und Samarkand aufhielten, und reicht bis zu Sayyidinā Abū Bakr, möge Allāh mit ihm zufrieden sein, jenem Gefährten des Propheten Muḥammads, auf dem der Friede sei, der den Beinamen „*aṣ-ṣiddīq*", der Glaubwürdige, trug. Der erhabene Naqshbandi-Orden bewahrt das Herzenswissen des Propheten Muḥammad bis auf den heutigen Tag. In einem bekannten Ausspruch des Propheten heißt es: „Alles, was in mein Herz gegossen wurde, habe ich in das Herz Abū Bakrs gegossen." Die in der Tradition dieses Ordens weitergegeben Geschichten tragen jenes Gütesiegel der Glaubwürdigkeit und haben einen besonderen Wert.

Mir klingen noch Ḥajji Aminas Worte im Ohr, wie sie von der Ka'ba erzählt:

»Oberhalb des siebenten Himmels, direkt gegenüber dem Göttlichen Thron, erschuf der Herr den *Baitu l-Ma'mur*, das Göttliche Haus. Es steht genau über jenem Platz auf Erden, wo die höchst ehrenvolle Ka'ba heute steht, nur unergründlich hoch über ihr. Jeden Tag umkreisen siebzigtausend Engel diesen Schrein siebenmal, und sie beten dort. In seiner Nähe gibt es einen Fluß von lauter Licht, in dem die Engel baden und ihr lichtenes Pilgergewand anlegen. Wenn sie geendet haben, übernehmen andere Engel ihren Platz, und es wird bis zum Letzten Tag keinen Augenblick geben, da der Ṭawāf der Engel unterbrochen wird. Und als der Herr entsprechend der Offenbarung des Koran zu den Engeln sprach: „Ich werde auf der Erde einen Vizekönig einsetzen" (*Koran*, Die Kuh, 2:31), waren die Engel entsetzt: „O Herr, willst Du denn ein Wesen als Deinen Stellvertreter erschaffen, das Blut vergießen und auf der Oberfläche der Erde Böses begehen wird? Wir sind ohne Unterlaß mit Deiner Anbetung beschäftigt, und wir sind niemals ungehorsam." Und der Herr sagte: „Mit Gewißheit weiß ich, was ihr nicht wißt." (*Koran*, Die Kuh, 2:29) Nachdem der Herr diese Worte gesprochen hatte, erfaßte die Engel Furcht, und sie wurden mit Ehrfurcht geschlagen von der Macht dieser Worte. Sie begannen, die Ka'ba siebenmal zu umrunden, und dies ist der Ursprung des Ritus, den wir bis zum heutigen Tag vollführen. Der Herr der Welten befahl Adam, die Ka'ba zu erbauen: „Wenn du nicht die heilige Ka'ba errichtest, deine Kinder werden es niemals tun." So erbaute Adam die Ka'ba und begann, sie zu umkreisen. Und als Adam und Eva aus dem Paradies auf die Erde kamen, nahm der Herr einen roten Rubinstein aus dem Paradies und setzte ihn dorthin, wo heute die Ka'ba in Mekka steht. Er war genauso geformt wie die Ka'ba. In ihm waren zwei Türen aus Smaragden, eine zur Ost- und eine zur Westseite hin, und viele Lichter von den Lichtern des Paradieses. Der Herr befahl allen Menschen, dieses Haus zu umrunden, so wie die Engel Seinen Thron umkreisen. Dann brach Adam auf, die Umkreisung zu vollführen. Aber bevor er begann, brachten die Engel den Stein, der als *ḥajāru l-aswad*, der Schwarze Stein, bekannt ist, nur war er da strahlend und weiß, und Strahlen gingen vom ihm aus, die so hell waren wie die Sonnenstrahlen. Jeder Platz, der von diesen Strahlen erreicht wurde, zählt zum *mīqāt* des *harāms*, den Grenzen, an denen die Pilger ihren Ihrām anlegen. Später wurde dieser weiße Stein schwarz von den Sünden der Menschen, so, wie er heute im Gebäude der Ka'ba vorgefunden wird.

Nachdem Adam und Eva aus dem Paradies verjagt worden waren, verloren sie sich und waren allein. Der Herr sagte zu Adam: „Du must deine Frau Eva hochachten, denn sie ist die Mutter deiner Kinder und deine Gefährtin für dein Leben." Adam dankte dem Herrn und fiel vor ihm nieder, denn er war begierig, Eva zu treffen. Als er die Ka'ba erreichte, war Eva ebenfalls von Jiddah her zur Ka'ba gekommen, aber es wurde ihnen gesagt: „O Adam, du mußt erst auf *aṣ-ṣafā* stehen, und sie auf *al-marwa* – den beiden Hügeln bei der Ka'ba –, und bevor ihr nicht die Riten des Ḥajj vervollständigt habt, werdet ihr nicht zusammenkommen." Auf 'Arafat trafen sie sich dann und erkannten sich, seitdem heißt der bei der Ḥajj besuchte Ort „*'arafat*", „Erkenntnis". Zusammen gingen sie nach Mina, wo Adam sehr glücklich war und erfreut, seine Frau wiedergefunden zu haben, von nun an hieß dieser Platz „*mina*", „Wunsch, Verlangen", und die Barmherzigkeit und die Verzeihung des Herrn kamen in Mina auf sie herab.«

18. EIN TAGTRAUM VON IBRĀHĪM

Wir machen Ṭawāf, ich mache Ṭawāf, bis sich mir alles dreht, zuerst so nah wie möglich, als es zu anstrengend wird, werden meine Kreise immer weiter, in größerer Entfernung wirst du nicht angerempelt und kannst in Ruhe zwischen den Menschen hindurchgehen, – schließlich wandle ich auf den Emporen, immer wieder in diesen Linkskreisen um die Ka'ba herum, komme wieder näher und setze mich schließlich so vor die Ka'ba, daß sie in aller Größe auf mich einwirken kann. Ich brüte in der Mittagshitze – sie scheint mir nichts anhaben zu können – und ich nicke ein. Ich träume von Ibrāhīm, Abraham, sehe ihn ganz klar vor Augen: Mit einer Hand hält er seinen kleinen Sohn fest, der an Händen und Füßen gefesselt ist und eine Augenbinde trägt. Der bewegt sich nicht. In der anderen Hand hält Abraham ein scharfes Messer, er will seinem Sohn die Kehle durchschneiden. Er setzt das Messer an und schneidet. Aber die Klinge schneidet nicht, er versucht erneut und erneut zu schneiden: ohne Erfolg. Ich erschaudere im Traume, aber schaue begierig hin. Er setzt wieder und wieder das Messer an: nichts geschieht. Es ist ein Wunder. Kein Blutstropfen wird vergossen, kein Härchen dem Jungen gekrümmt.

Verwirrt schrecke ich hoch und mag mich vor Verblüffung nicht bewegen, aber ist es erstaunlich, gerade hier etwas von Abraham zu erfahren? Ihn so lebendig vor Augen geführt zu bekommen, und zwar mit der größten Prüfung, die er je zu bestehen hatte? Ich muß dem nachgehen und mir die Abraham-Geschichte noch einmal erzählen lassen:

»Abrahams Ehe mit Sarah war lange Zeit kinderlos geblieben. Und Allāh hatte ihm doch versprochen, daß seine Nachkommen so zahlreich wie die Sandkörner am Meeresstrand sein würden. Als Abraham dann die Ägypterin Hağar heiratete, wurde

Sarah sehr eifersüchtig und tat Hağar alles Schlechte an. So floh die spätere Mutter Isma'īls eines Tages vor ihr in die Wüste. Da kam jemand zu ihr und fragte: „Was tust du hier in der Mitte des Niemandslandes?" „Ich laufe vor meiner Herrin Sarah davon, denn sie behandelt mich sehr grob, und ich habe jetzt genug, soll sie ihren Ehemann für sich allein behalten." Der Engel, denn es war ein Engel, der zu ihr sprach, sagte, es sei eine große Ehre für sie, zurückzukehren, und so kehrte sie zurück.

19. HAĞARS WEG IN DIE WÜSTE

Als Ibrāhīms Wunsch in Erfüllung gegangen war und Hağar einen Sohn geboren hatte, wurde Sarah noch viel heftiger eifersüchtig. Sie sprach zu Ibrāhīm: „Bring sie weg, mir aus den Augen mit ihnen! Ich kann ihre Gegenwart nicht mehr ertragen. Ibrāhīm antwortete: „O Frau, was soll ich mit ihnen tun? Hağar hat niemanden auf der ganzen Welt, der nach ihr schauen, und keinen Ort, wo sie hingehen könnte." Aber der Engel Gabriel erschien ihm und befahl, Sarahs Worte zu beachten. Sie sagte: „Setze sie auf ein Kamel, nimm etwas zu essen und Wasser mit und ziehe mit ihnen fort nach dem Morgengebet. Wo sich das Kamel hinsetzt, lasse sie dort mit ihrem Kind und komme zurück." Abraham tat, wie der Engel es ihm geoffenbart hatte. Sie brachen am frühen Morgen auf und ritten des Weges bis fast zum Mittag.

Zu dieser Zeit waren sie an einen wasserlosen Ort in der Wüste gekommen, wo es keine Bäume oder Sträucher oder irgend etwas Lebendiges, kein grünes Blatt gab, nur Berge, Steine und Sand. Diesen Ort wählte das Kamel, sich niederzusetzen. Abraham stieg ab und hob Hağar vom Sattel. Sie sah sich um und sagte: „O Abraham, ist es hier, wo du mich lassen willst?" „Ich bin unter dem Befehl meines Herrn", entgegnete er, „ich überlasse dich Seiner Obhut, der dich erschaffen und deine Versorgung bestimmt hat." Hiermit ging er fort, denn ihm war nicht befohlen, mehr zu sagen, und kehrte zurück in sein Haus.

20. DIE ENTDECKUNG DER QUELLE

HAĞAR UND IHR SOHN blieben, wo er sie gelassen hatte. Einen oder zwei Tage aß sie von den Dingen, die sie mitgebracht hatte, bis nichts mehr übrig war. Da es an diesem Ort besonders heiß war, wurde sie sehr durstig. Sie ließ das Kind an der Stelle, wo sie gesessen hatte, und machte sich auf die Suche nach Wasser. Sie lief zu dem nahen Berg, der *aṣ-Ṣafā* hieß, hielt von dort Ausschau und suchte nach einer Rettung für sich und das Kind, dann eilte sie hinunter und auf einen anderen Berg, der *al-Marwa* hieß. Auf ihrem Weg gab es einen Punkt, von dem aus sie ihren Sohn nicht sehen konnte, und deshalb lief sie schnell einige Schritte, um ihn nicht aus dem Blick zu verlieren...

Deshalb ist es für uns während des Ḥajj verpflichtend, schnell zu laufen, wenn wir diesen Platz zwischen den Hügeln von aṣ-Ṣafā und al-Marwa erreichen. Siebenmal lief sie zwischen den Hügeln hin und zurück, und sie bekam Angst, ihrem schreienden Kind könne etwas zugestoßen sein. Da sah sie, wie ihr Sohn mit dem Fuß auf den Boden schlug, und wo sein Fuß die Erde traf, spritzte eine Fontäne von Wasser hervor. Hağar gewahrte das Wunder und lief schnell herbei, das kostbare Wasser aufzufangen. Sie türmte einen Sandwall auf und ließ das Wasser sich darin sammeln. Bis zum heutigen Tag findet man dort das Wasser der *Zam-Zam* Quelle.

Hağar war dankbar für dieses Wunder, sie trank von dem Wasser und gab ihrem Sohn davon, dann wusch sie sich die Hände und das Gesicht und betete: „O Herr, Du hast uns durch diese Wasserquelle gerettet, so daß wir nicht vor Durst sterben, aber was sollen wir an diesem einsamen Ort essen?"

Als Antwort kam eine Stimme von dem *Zam-Zam* Brunnen: „Wenn du durstig bist, trinke von diesem Wasser, dein Durst wird gelöscht sein; wenn du hungrig bist, trinke dieses Wasser mit der Absicht zu essen, und dein Hunger wird gestillt sein; und wenn du krank bist, trinke dieses Wasser mit der Absicht, Gesundheit zu finden. Der Allmächtige Gott wird dich heilen. Was auch immer deine Bedürfnisse sind, die *Zam-Zam* Quelle wird sie erfüllen." Hağar dankte dem Herrn für seine große Barmherzigkeit und lebte fortan bei der Quelle. Der Allmächtige Gott aber beabsichtigte, aus diesem Platz für alle Zeiten ein Zentrum des Dienens an Gott zu machen.

21. DAS OPFER

Als Isma'īl noch ein Knabe war, sandte der Herr den Engel Gabriel zu Abraham, um ihn an sein Gelübde zu erinnern: daß er dem Herrn das opfern würde, was er am meisten in der Welt liebte, wenn nur Er ihm einen Sohn gewährte. Doch all seine Opfer wogen das Versprechen nicht auf.

Da träumte er, der Herr sage zu ihm: „Abraham, du hältst dein Wort nicht, das du Mir gegeben hast. Denn was du auf Erden am meisten liebst, sind nicht deine Schafe, Kamele oder Pferde, sondern es ist dein eigener kleiner Sohn. Bis du ihn mir nicht geopfert hast, wirst du dein Gelübde nicht erfüllt haben." Diesen Traum sah Abraham siebzig Mal während der Nacht, und die Träume der Propheten sind Offenbarungen der Wahrheit. Abraham fragte den Herrn: „O mein Herr, wie soll ich das tun? Wie soll ich es Hağar sagen, und Isma'īl?!" Aber er war gehorsam, nahm einen Strick und ein Messer und wies Hağar an, Isma'īl frische Kleidung anzulegen.

Der verfluchte Shaiṭān drückte sich in der Nähe herum. In menschlicher Gestalt ging er zu Hağar und tat sein Bestes, Zweifel in ihr Herz zu legen: „Wo ist dein Sohn? Und warum nimmt Abraham ein Messer mit sich und ein Seil?" Hağar antwortete: „Mein Ehemann ist ein Prophet und ein Gesandter unter den Propheten – wie sollte es möglich sein, daß er eine heimtückische Handlung begeht?" „Geh selbst und schaue nach ihm, ich erzähle dir die Wahrheit." Sie erwiderte: „Wenn es wahrlich der Befehl des Herrn ist, dann sollten wir Seinem Befehl gehorchen, selbst wenn er mir befähle, meine eigene Seele oder meinen einzigen Sohn aufzugeben." Dann erkannte sie Shaiṭān als den, der er war, vertrieb ihn von ihrer Schwelle und verfluchte ihn.

In gleicher Weise versuchte der Teufel, Ibrāhīm zu beirren, der meinte, sein Herz müßte zerbrechen vor Schmerz darüber, was er seinem Sohn antun sollte. Abraham aber sprach: „Weiche von mir, o du Verfluchter", und er verjagte ihn von seiner Seite. Der Junge Isma'īl, der frohgemut nichtsahnend hinter seinem Vater herlief, wurde ebenso von Shaiṭān geplagt, doch er sagte: „Geh weg, mach, daß du fortkommst! Mein Vater ist ein Prophet, und wenn er mich schlachten will, wieso sollte ich ihm widersprechen oder entgegentreten? Geh weg, denn du bist der Böse!" Shaiṭān ließ ihn nicht in Frieden und versuchte wieder und wieder, ihn vom Gehorsam abzubringen. Schließlich hob Isma'īl drei Steine vom Boden auf und warf sie nach Shaiṭān, und einer von ihnen traf ihn ins Auge. All dies fand im Tal von Mina statt, wo wir heute den Ritus erfüllen, „Shaiṭān zu steinigen", während wir auf Ḥajj sind.

Isma'īl wartete auf dem Opferaltar, von wo der Herr ihn retten sollte, und rief: „O Vater, laß uns den Herrn loben und Ihn preisen, vielleicht wird Er uns die Aufgabe leicht machen." Er begann zu sagen: „*Allāhu akbar, allāhu akbar*", und Abraham setzte fort: „*Lā ilāha illā Llāh wa Llāhu akbar*", es gibt keinen Gott außer Gott, und Gott ist über die Maßen groß. Da hörten sie eine himmlische Stimme den Satz vervollständigen: „*Allāhu akbar wa lillāhi l-ḥamd*", Gott ist über die Maßen groß, und Gott sei Lob. Der Herr bewahrte Isma'īl vor dem Tod, indem er das Messer stumpf machte. Und Isma'īl wurde durch ein großes Schlachtopfer ausgelöst. Dieses Zeichens Allāhs gedenken Hunderte von Millionen Muslime in aller Welt jedes Jahr am Ende der Pilgerfahrt, indem sie ein Opfer darbringen.

22. DAS SUMMEN DER BIENEN

EINES TAGES erhielt Abraham den göttlichen Befehl, das Haus des Herrn, *baitu llāh*, dort wieder aufzubauen, wo einst das *baitu l-ma'mur* auf Erden gestanden hatte. Der Engel Gabriel wies ihm die genaue Stelle und war auch beauftragt, den Schwarzen Stein, der während der Sintflut im Berg Abū Qubais aufbewahrt worden war, zu holen. Ibrāhīm und Ismā'īl fertigten den Mörtel mit dem Wasser der *Zam-Zam* Quelle und arbeiteten, bis sie das Gebäude bedacht hatten. Dann setzten sie sich hin, um ein wenig auszuruhen. Sie hatten noch den von der Arbeit zurückgebliebenen Schutt wegzuräumen und den heiligen Bereich zu säubern, als plötzlich ein starker Wind aufkam und die restlichen Materialien, Sand, Stroh und Steine, hoch in den Himmel blies und über alle Welt verteilte. Wo auch immer eines dieser Stücke landete, wurde später eine große oder kleine Moschee gebaut, je nach der Größe der Überreste, die heruntergefallen waren. Aus diesem Grund werden alle Moscheen der Welt dem ursprünglichen *baitu llāh*, der Ka'ba, entsprechend „Haus Gottes" genannt.

Dann lehrte Abraham die Menschen die Riten des Ḥajj, der Pilgerfahrt, so, wie sie ihm geoffenbart worden waren. Er lehrte sie, den *Ṭawāf*, die Umrundung der Ka'ba, siebenmal zu vollführen, den *Sa'i*, das Laufen zwischen den Hügeln von *aṣ-Ṣafā* und *al-Marwa*, wie Hağar auf der Suche nach Wasser zwischen diesen Hügeln hin und her gelaufen war. Sie sollten auf *'Arafat* stehen, wo Adam sich mit Eva wiedervereinigt hatte, und sie sollten Steine von den Ebenen von *Muzdalifa* sammeln. Dann nach *Mina* gehen und die Steine gegen drei Säulen werfen, die Shaiṭān repräsentieren, genau wie Isma'īl an diesem Platz den Teufel gesteinigt hatte. Bis auf den heutigen Tag erfüllen die Pilger dieselben Riten, wie unserer Vater Abraham es sie gelehrt hatte.

Als Abraham gemeinsam mit seiner Frau Sarah und Isaak sowie Hağar und Isma'īl den Ḥajj beging, blieben sie bei der Ka'ba stehen und beteten für die Nation Muḥammads, Allāh segne ihn und schenke ihm Heil. Abraham betete für die Alten, Isma'īl bat für die mittleren Alters, Isḥāq betete für die jungen Menschen, Sarah für die freigeborenen Frauen und Hağar für die Sklaven und Diener. Der Herr nahm all ihre Gebete an. Da der Befehl für Abraham kam, alle Menschen zur Pilgerfahrt aufzurufen, tat er dies von einem hohen Berg aus. Als Antwort erhob sich ein starkes Summen aus der Luft, wie das Summen vieler Bienen, und Millionen vermischter Stimmen riefen: „*labbaika llāhumma labbaik, labbaika lā sharīka laka labbaik, inna l-ḥamda wa n-ni'mata laka wa l-mulk, lā sharīka lak*". „Hier sind wir, in Deiner Gegenwart, o Herr. Deine Gegenwart, der Du keine Partner hast. Dir gehört aller Preis, alle Gnade und alle Herrschaft. Kein Partner neben Dir."

Gabriel kam zu ihm und sagte: „Dies sind die Stimmen der Seelen aus dem Unsichtbaren, sie sind noch nicht hier in dieser Welt, sie sind noch wie Samen in der Welt des Geistes. Der Herr schickt dir dieses Wasser, daß du ihnen allen etwas reichen mögest, sprenge es über dich und bewahre die Weisheit des Herrn." Abraham tat dies, und der Wind trug winzige Wassertropfen überallhin. Die Tropfen, die auf die Meere fielen, wurden das Salz der Meere, die, die auf trockenes Land fielen, wurden das Salz der Erde. Dies war das Festgeschenk Abrahams an diesem Tag an die Menschen.«

23. DER SĀ'I

NACH UNSEREM siebenfachen Begrüßungs-Ṭawāf wird also nun der Sa'i zelebriert. Genau an der Stelle, wo die Frau Ibrāhīms in der Wüste ausgesetzt worden und auf der Suche nach Wasser gewesen war, dort stehen wir heute, vom Hügel aṣ-Ṣafā blicken wir auf al-Marwa.

Den Weg der historischen Hağar laufen wir zwischen den Hügeln in sieben Etappen nach. Wo früher sengende Wüste gewesen ist, ist der Weg heute überdacht und mit Ventilatoren versehen. Grasgrünes Neonlicht zeigt die Laufrichtung an. Auf der rechten Seite laufen wir zu der einen Erhebung, dort angelangt, kehren wir auf der anderen Laufbahn wieder zum ersten Hügel zurück. In der Mitte zwischen den beiden Wegstrecken verläuft eine abgetrennte Bahn, die in Sesseln oder auf Tragen zurückgelegt werden kann – auch dies ist wieder eine Erleichterung für die Alten und Schwachen. Daß man hier doch einige sehr alte Leute findet, hat seinen Grund, denn nicht jeder kann wie wir – das ist ein großes Privileg – im besten Alter auf Ḥajj gehen. Ich erinnere, daß eine befreundete Arztfamilie aus Basra ein paar Tage vor unserer Abreise uns bei ihrem Besuch im Schwarzwald davon erzählt hatte, daß wie viele arabische Länder auch der Irak Altersbeschränkungen für den Ḥajj aufgestellt habe: Erst ab 60 Jahren darf man sich offiziell die Erlaubnis holen, zur Pilgerfahrt zu gehen. Eine solche Regelung erscheint mir angesichts dieser alten Leute hier als eine unverschämte Schikane dieser Staaten.

Nach der Wegstrecke des Sa'i kennen wir kein wichtigeres Ziel als die heilige *Zam-Zam* Quelle. Wir folgen den Treppen, die uns innerhalb eines aufgebrochenen Gevierts im Marmorboden des Innenhofes in die Tiefe führen, um uns zu erfrischen. Zahlreiche kleine Waschbecken, aus denen per Knopfdruck reines *Zam-Zam* Wasser sprudelt, sind dort angebracht. Wir trinken davon soviel wie möglich und benetzten Haut und Haar damit. Es hat einen eigenartigen mineralischen, sehr weichen Geschmack. Ah, es ist so köstlich! Wir sollten nicht vergessen, ein paar Kanister davon den Leuten zuhause mitzubringen, dort warten sie schon alle ganz begierig darauf. Man trinkt das geheimnisvolle Wasser so, daß man sich in Richtung Qibla, Gebetsrichtung, hinstellt – wenn man ja sonst nur im Sitzen ißt oder trinkt –, „im Namen Gottes des Erbarmers, des Barmherzigen" sagt und es in kleinen Schlukken trinkt, während man dabei einen Wunsch tun kann.

„An dieser Stelle also entstand die Stadt Mekka", dachte ich genüßlich schlürfend. Und entdeckt hat diese wunderbare Quelle meine Namensgefährtin Hağar, die Frau Ibrāhīms, besser gesagt ihr Sohn Isma'īl. Die Quelle war dann über einen längeren

Zeitraum entsprechend immer schwächer gewordenem Glauben versiegt. Generationen später erst wurde Abū Muṭṭalib, möge Allāh mit ihm zufrieden sein, dem Großvater des Propheten Muḥammad, der Friede sei auf ihm, in einem Traum befohlen, die *Zam-Zam* Quelle erneut freizulegen. Seitdem spendet sie ihr Wasser. Und wir erinnern uns an einen fernen Ort, wo wir, wie so viele Male, den Maqām eines Heiligen besuchten. Der Hausherr hatte uns verschmitzt in den Keller gewinkt, zu dem es über eine steile Steintreppe hinabging, als wir alle unten versammelt waren, auf die Fortsetzung eines Gewölbeganges gedeutet, eines ehemaligen unterirdischen Ganges nach Mekka, und stolz die Abdeckung zu einem kleinen Wasserzulauf mit den Worten gehoben, es sei ein Ausläufer der *Zam-Zam* Quelle. „Unmöglich", war es uns zuerst durch den Kopf gefahren. Wir dürfen das Wasser kosten und uns Gesicht und Körper damit übergießen. Und wir sprechen Gebete für den Hausherrn und seine Familie.

24. AM FUSS DES THRONES GOTTES

IN DER OBEREN ETAGE der Moschee schwirren Tausende von Ventilatoren über den Köpfen der Leute, die teils auf riesigen purpurnen Teppichen, teils auf dem angenehm kühlen Marmorboden sitzen und schweigen, schauen, Koran lesen, reden oder schlafen. Erschöpft vom Besuch in der Arena finden sie hier Ruhe, Gelassenheit vor dem Sog der Umdrehung. Abseits des Trubels habe ich mich in eine stille Ecke zurückgezogen. Die Ventilatoren surren in gleichmäßigen Zügen, wie Windmühlen, einschläfernd. Geschlossenen Auges die herrlichen Momente entspannter Besinnung genießen, das ist es, was ich will und tue. Bilder verschwimmen, der Körper ergibt sich nur zu gern der angenehmen Ruhe. „Die Augenblicke vor der Ka'ba", hatten einige Pilger vor unserer Abfahrt gemeint, „wirst du nie vergessen". Wie sehr hatten sie recht. Denn so beeindruckend auch die Reise hierhin gewesen war, unvergeßlich die kleinen und großen Erlebnisse, die den Weg selbst wie das Ziel hatten erscheinen lassen, das Ziel selbst erweist sich als unvergleichlich mit allem.

Von hier oben, von einer der Emporen aus, sieht man das Menschenmeer den Fuß des Thrones Gottes umspülen, in Wellen, die sich am Schwarzen Stein brechen und auch an der jemenitischen Ecke Wirbel und Strudel erzeugen. „Und Sein Throm schwebt über dem Wasser."

„Er ist es, der die Himmel und die Erde in sechs Tagen erschaffen hat, während Sein Thron auf dem Wasser war, um euch zu prüfen und festzustellen, wer von euch am besten handelt." (*Koran*, Hūd, 11,7) Was auch immer dieser Vers bedeutet, manch einem gilt er auch als Offenbarung über das Wasser, gilt uns das Wasser doch als Quelle des Lebens, als Brunnen aller Existenz, der heilige Wasserstoff als ein Hauptbestandteil alles Lebendigen überhaupt. „Nichts in der Welt ist weicher und schwächer als Wasser", hatte Lao Tse im *Tao te-King* geschwärmt, „und doch nichts, was Hartes und Starkes angreift, vermag es zu übertreffen." Wasser sei das Blut der Erde und flösse durch ihre Muskeln und Adern, und man sage, daß Wasser alles vermag, bestätigt Chuan-tzu, man sage deshalb, daß Wasser etwas Geistiges sei: „Für den Weisen ist das Wasser der Schlüssel zur Wandlung der Welt."

Doch auch hier, vor der heiligen Ka'ba, müssen wir nicht notgedrungen gleich heilig und weise sein, es können auch seltsame Dinge geschehen. Eine Frau vertraute mir an, was ihr zugestoßen war: Sie hatte gerade bei der Ankunft in Mekka ihre Monatsregel bekommen und war somit von einem wichtigen Teil des Ḥajj, der Umrundung der Ka'ba, ausgeschlossen, während sie alle anderen Riten doch mitmachen konnte. Es tat ihr herzlich leid, wollte sie doch nicht vergeblich hierhergekommen sein. „Ich wußtest zwar, daß man sich in dem Zustand nicht der Ka'ba nähern darf," sagte sie, „doch ich dachte, man könnte vielleicht eine Ausnahme machen... So ging ich also langsam auf die Ka'ba zu und befand mich plötzlich in einer Menschenmenge, dichtgedrängt zwischen lauter Männern. Da rempelte mich ein fremder Mann von hinten an, quetschte sich eng an meinen Körper und versuchte, mich zu entkleiden." „Was? Vor der Ka'ba? *Astaghfirullāh!*" entfuhr es mir. „Ja, und du kannst dir vorstellen, wie peinlich mir das war und wie bemüht ich war, meinen Widersacher mit Hieben abzuwehren und niemanden merken zu lassen, was da geschah. Schließlich entfuhr mir ein Fluch gegen ihn, und ich merkte auf einmal, was ich da für einen Unsinn begangen hatte. Ich schämte mich und entfernte mich von der Ka'ba."

Die Anstrengungen des ersten Tages des Ḥajj sind enorm. Nach reichlicher Erfrischung und noch ganz benommen von den ersten Eindrücken des heiligsten aller Heiligtümer des Islam, versammeln wir uns an vereinbartem Orte im ersten Stock der Moschee. Hier fallen wir in einen kleinen Erholungsschlaf und erwachen erst wieder, als die Reinemache-Leute den Teppich unter uns wegziehen. Jetzt fallen erst die Hochhäuser auf, die rings um den Haram gebaut sind, und denen, die es sich leisten können, von ihren Balkonen aus einen ständigen Blick auf die Ka'ba gewähren. Neugierige Pilger gesellen sich zu uns, und ein Gespräch entsteht. Sie fragen die Männer nach dem Islam in Deutschland und wieviele Muslime es in Deutschland gäbe. Einer von uns erzählt, wir gehörten zur Naqshbandī-Ṭarīqat und hätten einen Sheikh aus Zypern. Natürlich wollen sie gerne Genaueres wissen, was dieser Sheikh uns denn lehre.

Wir erzählen ihnen, was Sheikh Nāẓim einmal über die Ankunft Sayyidinā Maḥdis, *'alaihi s-salām,* gesagt hatte: „So viele junge Leute kommen. Macht euch keine Sorgen. Ihr seid alle jung, *alḥamdulillāh*! Es ist eine gute Nachricht, daß der Glaube in den Herzen der jungen Generation wächst. Und Sayyidinā Maḥdi, *'alaihi s-salām*, der Retter am Ende des Zeitalters, wird kommen. Und er kommt mit Schwert und Kraft. Und seine Schwerter kommen, um den Westen und den Osten zu erreichen. Nicht wie andere Schwerter. Er kommt, um zu säubern und um den Islam zu errichten. – Ja, und wir werden seine Helfer sein, seine Stütze und seine Soldaten, *inshā'allāh.* Alle von euch, ihr Jungen, *alḥamdulillāh.* Ich schaue und sehe immer mehr junge Brüder. Allāh der Allmächtige gewährt euch die Krone des Islam, setzt sie auf eure Köpfe. Er gibt euch Kronen. Das ist die Krone, die Allāh euch gewährt, *alḥamdulillāh.* Und ich hoffe, daß niemand im Osten und Westen ohne diese Krone ist. So viele verschiedene Turbane müßten auf ihren Köpfen sein, so viele farbige Turbane. Du kannst es dir nicht vorstellen. Jede Gruppe von Muslimen mag verschiedene Turbane tragen, in bislang ungesehenen Farben. Es kommt jetzt näher. Wir hoffen, Sayyidinā Maḥdi, *'alaihi s-salām,* zu erreichen. Bald, bald, dieses Jahr, nächstes Jahr oder in drei Jahren. Nach diesem Jahr wird es so nah sein. Er wird uns erreichen. Das Haupthindernis, weshalb er noch nicht kommt, ist nur der dritte Weltkrieg. Der dritte große Weltkrieg muß sein. Wenn dieser größte Krieg ausbricht, wird er nur drei Monate dauern. Vom Beginn dieses Krieges, bis daß Sayyidinā Maḥdi kommt, sind es nur drei Monate. Aber diese drei Monate werden alles Leiden, Elend und Schwierigkeiten beinhalten. Vom Anbeginn der Menschheit bis zu diesem Tag: alles komprimiert in drei Monaten. Ihr könnt euch dieses Leiden, dieses Elend, diese Schwierigkeiten nicht vorstellen. Und dann wird Sayyidinā Maḥdi kommen und sagen: ‚*Allāhu akbar, allāhu akbar, allāhu akbar.*‘ Ende, Stop, Aus. Er wird den dritten Weltkrieg beenden. Niemandem sonst wird das möglich sein. Wenn heute zwei Staaten gegeneinander kämpfen und die Superpower-Staaten „Stop“ sagen, müssen diese aufhören. Aber was ist, wenn es über die Supermächte kommt! Wer soll dann sagen „Stop!“? Nur al-Maḥdi kann ihnen im heiligen Befehl Allāhs des Allmächtigen Einhalt gebieten: ‚*Allāhu akbar, allāhu akbar, allāhu akbar.*‘ Wie es der Sunna entspricht, mußt du, wenn du Feuer siehst, *Allāhu akbar, allāhu akbar, allāhu akbar* sagen. Es löscht Feuer. Und wenn Sayyidinā Maḥdi das sagt, löscht er das ganze Feuer auf der Erde. Kein Feuer wird dann mehr sein. Er kommt bald. Und du mußt in jedem Gebet darum bitten: ‚O Allāh, o mein Herr, halte mich bereit, eine Stütze, ein Soldat und ein Kämpfer zu sein für Sayyidinā Maḥdi, *'alaihi s-salām.*‘ Darum mußt du bitten.“

Die Muslime glauben an das Kommen Sayyidinā Maḥdis, wenn auch einige von ihnen diese Überlieferung vergessen oder verdrängt haben. Den Christen sind, Stichwort „Harmagedon“, ähnliche Prophezeiungen bekannt. Zu allen Zeiten war die überwiegende Mehrzahl der Menschen den Heiligen und sogar den Propheten gegenüber skeptisch bis feindlich eingestellt, wenn sie vor dem Niedergang eines Volkes, vor künftigen Kriegen, Verwüstungen oder die ganze Erde betreffenden Kataklysmem warnten. Am liebsten würden sie wohl auch die Ankunft eines Tages leugnen, den der Koran mit den Worten beschreibt, „... da die Menschen gleich verstreuten Motten sind und die Berge gleich bunter zerflockter Wolle“. (*Koran*, Die Pochende, 101,4-5) Dabei gibt es keinen Grund, an der Wahrheit der prophetischen Überlieferung zu zweifeln, zumal unser Planet, wie beispielsweise die Forschungen Immanuel Velikovskys zeigen, schon mehrmals Opfer gewaltiger Umwälzungen gewesen ist. Daß wir uns mit solchen Erkenntnissen in der Regel schwertun, verdankt sich dem Umstand, daß wir in einer Kultur aufgewachsen sind, die sich selbst für besonders entwickelt hält, deren fundamentale Ignoranz sich aber darin zeigt, daß sie den Erkenntnisstand anderer Kulturen und den ihrer eigenen Vorfahren sträflich unterschätzt, und deren höchstes Lob mit Blick auf die Alten lautet, „o, das wußten sie schon damals“, statt endlich die Möglichkeit einzuräumen, daß früher Dinge gewußt worden sind, die wir heute gar nicht mehr wissen.

25. ‘ARAFAT

Den zweiten Tag, Höhepunkt des Ḥajj, verbringen wir auf der Ebene von ‘Arafat. Dort ist eine ganze Zeltstadt aufgebaut, ein Meer von bunten Zelten, die zu allen Seiten offen sind und so die Hitze besser erträglich machen. Toiletten und Waschanlagen sind in erreichbarer Nähe. Alles ist bestens organisiert. Die Zeltreihen werden von den bekannten orangefarbenen Wasserbehältern gesäumt. Unter den Zelten sitzen oder stehen die Pilger, die jeweils zu einer Familie oder Gruppe gehören. Einige essen etwas, ruhen sich aus.

Wir können uns glücklicher Umstände wegen auch unter solch ein schattiges Zeltsegel begeben. Die Zeit von Mittag bis Maghrib, dem Abendgebet, verbringen wir, so lange wir können, stehend, Bittgebete sprechend: „Hier bin ich! *Labaik allāhumma labaik!*".

„Und wir bitten Allāh *subhānahu wa ta'āla*, den Barmherzigsten der Barmherzigen, um Vergebung und Verzeihung unserer üblen Handlungen."

„*Yā Raḥmān! Yā Raḥīm!*" – Wir bitten im Bewußtsein, an diesem heiligen Ort zu stehen, zu einer heiligen Zeit, da Allāh auf jeden seiner Diener einen besonderen Blick wirft.

„Wir bitten für die Ehre des Propheten, Allāh segne ihn und gebe ihm Frieden, und seine Familie und seine Gefährten, möge Allāh mit ihnen zufrieden sein, und für die Seelen seiner Brüder unter den Propheten und Gesandten und der Wächter des Göttlichen Gesetzes und die der vier rechtgeleiteten Imame. Und für die Seelen unserer Sheikhs *fi ṭ-ṭarīqati n-naqshbandiyyati'l-'aliyyah, khāssatan ilā rūhi imāmi ṭ-ṭarīqati wa ghawthi l-khalīqati khwajaha bahā'i d-dīn muḥammadini l-'ūwaisi l-bukhāri wa sulṭāni l-auliyā' maulānā 'Abdullāh Fā'iz ad-Daghistānī wa ustadhi ustadhina Abdul Khaliq al-Ghughduwānī: al fātiḥa.*

„O Allāh, segne Muḥammad und sein Haus in jedem, der ihn segnet. O Allāh, segne Muḥammad und sein Haus für alle, die ihn nicht segnen. O Allāh, segne Muḥammad und sein Haus, wie es gefällig ist, daß man ihn segne. O Allāh, segne Muḥammad und sein Haus, so wie es sich gehört, daß man ihn segne!" – Und einige unter den Pfiffigen geben dem Du'ā noch einen besonderen Schwung, indem sie ergänzen: „Und tue dies, o Allāh, so oft, wie es Menschen auf Erden gibt, wie es Welten gibt. So oft, wie es Atome und Elektronen gibt in dieser und allen Welten! Und das mit sich selbst multipliziert und potenziert, und noch einmal!"

Und wir bitten um Segen für unsere Mütter und die Mütter unserer Mütter und deren Mütter und so fort und für unsere Väter und die Väter unserer Väter. Und wir bitten für unsere Kinder und die Kinder unserer Kinder.

Wir stehen an einer schattenspendenden Plane und spüren den Hauch einer zarten Brise, jeder an seinem Ort. Und wir wissen, daß es gut ist, hier so lange zu stehen, wie es uns nur möglich ist. Wir bemühen uns deshalb, ganz lange zu stehen. Und nach den Anstrengungen, derer es bedurft hatte, an diesen heiligen Ort zu kommen, war ein jeder und eine jede von uns bereit gewesen, für den Höhepunkt und das eigentliche Ereignis, das Stehen im Tale 'Arafat, noch einmal besondere Energie aufzuwenden, ja alle noch zur Verfügung stehenden Reserven zu mobilisieren. Doch je länger wir stehen, um so leichter wird es. Ja, es scheint, die Anstrengungen der vorangegangenen Zeit und diese letzte und wichtigste selbst seien eine Täuschung gewesen. Mit dem Schweren kommt das Leichte. Mit dem Schweren kommt das Leichte? Und mit dem Leichten die Erkenntnis, daß jenes Schwere nur vorgeblich Schweres, Produkt bloßer Einbildung, etwas Leichtes als schwer nur erschienen war? Wir stehen im Tale 'Arafat, am Ort der „Erkenntnis", einem Ort, wo vor langer Zeit ein Mann und eine Frau sich erkannten. Wir stehen auf der langgestreckten, sehr trockenen *Ebene der Erkenntnis.* Wir stehen am Ort und zugleich in der Zeit der Erkenntnis, am Tage 'Arafat eben. Weil dies der Tag ist, an dem Allāh, der Barmherzigste der Barmherzigen, auf jeden seiner hier versammelten Diener einen Blick wirft, jetzt hier einen langen Blick wirft, und weil das, worauf Sein heiliger Blick fällt, nur geadelt, geheiligt und in ganz besonderer Weise gesegnet sein kann, so sind wir alle, die wir jetzt hier im Tale 'Arafat stehen, in unserem Glück ein Bild der Fülle.

„Hier steh' ich, mein Schöpfer!" – „Labayk!" – Und indem es immer leichter wird, nähert es sich einem Punkt, da es aufhört, nur das Gegenteil von „schwer" zu sein. Dieses Stehen im Tale Arafat ist nicht eine der vielen Arten des Stehens, die uns schon oft genug müde gemacht hat, sondern eine Art der Erhebung der Seele zum Höchsten und in die Geborgenheit ihres je eigenen Ursprungs. Gelassenheit und eine nach vielfältigen Aktivitäten der vorangegangenen Tage nur um so erquickendere Be-

Die Zeltstadt auf der Ebene von ‘Arafat

ruhigung, die sich als eine bislang nicht gekannte Form der Belebung enthüllt. Wir stehen im Schatten eines ockerfarbenen Segels, Frauen und Männer in einer Aufstellung, die ähnlich ist der des Gebets, doch aufgelockert. Und wir sind dankbar, daß Allāh nach uns schaut: *„Al-ḥamduli-Llāh, wa schukruli-Llāh, wa astaghfiru-Llāh!* – Preis sei Gott und Dank sei Gott, und verzeih' uns Gott!" Wir sind dankbar, daß Allāh nicht nur nach uns schaut, sondern uns auch wissen läßt, daß er nach uns schaut. Und sicher gibt es solche, die Allāh Seiner Gegenwart in einer Weise teilhaftig werden läßt, daß sie im Angesicht des Höchsten Gewißheit erfahren.

Gemäß der Überlieferung *man ʿarafa nafsahu, fa qad ʿarafa rabbahu*, „Wer sich selbst erkennt, erkennt seinen Herrn", scheint ein Weg zur Erkenntnis Gottes in der Selbsterkenntnis zu liegen, doch wie das gehen soll, ist mir ein Rätsel. Denn wenn mit dem Selbst die Triebseele gemeint ist, dann kann der Herr, der durch deren Erkenntnis erkannt ist, nur das Ego als deren Inbegriff sein, nicht aber Allāh, unser Herr und Schöpfer. Wie dieser über den Weg der Selbsterkenntnis erkannt werden soll, verstehe ich nicht. Und die von Mystikern unter dem Titel der Gnosis, arabisch *maʿrifat*, beschworene Erkenntnis Gottes ist mir, ich gestehe es freimütig, hier fremd. Beruhigend dagegen die Empfehlung „Versuche nicht, Gott zu erkennen, wer Ihn aber liebt, derselbe ist sogleich von Ihm erkannt." (vgl. I. Korinther, 8.2)

Der Tag ʿArafat ist auch die Erneuerung einer schon einmal gegebenen Antwort auf die Frage „Bin Ich nicht euer Herr?", die Allāh an alle Seelen vor der Erschaffung der Welt gerichtet hatte. „Ja, Du bist unser Herr, und wir sind Deine Diener!" Er liebt uns. Und, für manche überraschend: Er ist dankbar. Eine Seiner Schönen Anreden lautet: „*Ya Shakūr*!", „O Dankbarer!" Wer mit dieser bemerkenswerten Eigenschaft unseres Schöpfers, Seiner Dankbarkeit nämlich, Schwierigkeiten hat, ist vielleicht selbst in seinem Charakter undankbar und stellt sich vor, Allāh wäre gerade so, wie er wäre, wenn er Allāh wäre: eine fatale Vorstellung.

Daß Allāh der Barmherzige es uns nicht schwer macht, sich Ihm zu nähern, ja er uns sogar entgegengeht, zeigt das Ḥadith Qudsi, wonach Anas ibn Mālik, mit dem Allāh zufrieden sei, überliefert, daß der Gesandte Allāhs, der Friede sei auf ihm, von seinem Herrn dem Allmächtigen und Erhabenen erzählte, daß dieser spricht: „Wenn sich Mein Diener mir eine Handbreit nähert, nähere ich mich ihm um eine Elle. Nähert er sich Mir um eine Elle, komme Ich ihm um Armeslänge entgegen. Wenn er auf Mich zugeht, so laufe Ich ihm entgegen." (al-Bukhārī) Wer am Tage 'Arafat die Ahnung des Glücks hat, um die Erfahrung des Glücks selbst nur um so schmerzlicher zu vermissen, wird dieses Tages und dieses Ortes wegen alles daransetzen, noch einmal hierhinzukommen.

Hier steh' ich: *Labayk allāhumma labayk!* – Wir bitten um den Segen Gottes für alle Menschen und für jeden Menschen, der uns gerade in den Sinn kommt, ob alt, ob jung, ob schlau, ob dumm, ob Feind, ob Freund, die „Freindin", den „Freind": Auf daß sie an einem Segen teilhätten, dessen Stärke mit seiner Verteilung auf so viele Menschen – vielleicht auf alle? – für alle und jeden nur zunimmt. Es ist der Überfluß, *al-kauthar.*

Und wir suchen Schutz vor äußeren und inneren Feinden und vor irdischem und himmlischem Unglück.

„Yā Ḥalīm! Yā Ḥafīẓ! "

„O mein Herr! Genau wie Feuer das Holz verbrennt, so verbrennt Neid, der in mir wurzelt, alle meine Taten. Reinige mich davon, o mein Herr, und reinige mich auch vom Zorn meiner Nafs. Befreie mich auch, o mein Herr, von den Abkömmlingen der tadelnswerten Nafs und von verabscheuungswürdigem Verhalten. Und, o mein Herr, verwandle alle meine schlechten Gewohnheiten in gute Gewohnheiten und lobenswerte Taten."

26. JABAL RAḤMA

EINIGE VON UNS VERSUCHEN zwischenzeitlich, den *jabal raḥma*, den „Berg der Barmherzigkeit", zu besteigen, auf dem schon Hunderte oder viel mehr Pilger stehen, um Gott „noch näher" zu sein. Mag diese Idee auch von ähnlicher Komik sein wie jener Astronom, der sich bei der Himmelsbeobachtung mit seinem Teleskop noch zusätzlich auf ein Fußbänkchen stellt, um alles noch deutlicher zu sehen, so sind wir Menschen und werden vielleicht ja dafür geliebt.

Es ist eine aufregende Tour, die von unten betrachtet eigentlich als unmöglich erschien, sich dann aber als relativ leicht erweist. Doch erfordert der Aufstieg der vielen Menschen wegen große Konzentration und auch eine gewisse Behutsamkeit.

Oben angelangt, haben wir einen weiten Ausblick auf die Ebene von ʻArafat und eine sich bis zum Horizont erstreckender Versammlung Tausender und aber Tausender von Menschen. *Māshā'Llāh!* Oben erlaubt eine Plattform, die von einer kleinen Mauer umlaufen wird, einer größeren Menschenzahl Rast und Fernblick. Ich setze mich auf die Mauer und schaue in die Ferne.

Immer mehr Menschen scheinen auf diesen Ausguck zu drükken. Und der Druck geschieht in Wellen, die heranschwappen und auf die Mauer und die davorstehenden oder auf ihr sitzenden Menschen einwirken. Ein Ordnungshüter versucht, indes ohne eine Spur von Erfolg, dem drängenden und immer mächtiger werdenden Puls zu wehren. Und wir erleben, wie die ganze Menschenmenge ins Schwanken gerät – steil geht es in die Tiefe hinab. Und im entsetzten Blick eines hilflos dastehenden Polizisten malt sich aus, was passieren könnte. Aber, es geht alles gut. Und Salīm und ich machen uns an den Abstieg.

27. DIE STEINIGUNG SHAIṬĀNS

ABENDS VERLASSEN die Menschen diesen Ort, einige eilen tatsächlich einer Katastrophe zu. Der Weg nach Muzdalifa und Minā, wo die drei Steinsäulen, „Shaiṭāne", zu steinigen sind, ist nicht leicht. Schon der nächtliche Weg in Richtung Muzdalifa ist für einige von uns sehr schwierig. Bruder Ḥamdullāh hat eine Taschenlampe an den Stock gebunden. Das erleichtert uns vierzig Leuten den Zusammenhalt.

Doktor Nasser bekommt hohes Fieber und einen steifen Hals. Von Brüdern gestützt, kann er sich nur unter Einsatz des ganzen Körpers drehen, was ihm eine eigenartig hüstelnde Würde gibt. Salīm und ich gehen nebeneinander. Zu zweit ist es viel leichter. Und wir erinnern uns an das Wort Sheikh Nāẓims. „Yes, it is good to go as a couple." Wir übernachten auf der Straße, bei einem gewissen Grad an Müdigkeit macht das keinerlei Probleme. Toiletten, zu jeder Zeit wichtige Örtchen, gibt es hier nicht mehr, da schlägt man sich in die kargen Berge. Dann nähern wir uns Minā und holen die Steinchen hervor, die wir unterwegs bei Muzdalifa gesammelt hatten. Dort scheint die Hölle los zu sein. Vorbei führte der Weg an blutigen Köpfen schon Rasierter, das sind die, die den Ḥajj schon beendet haben. Es herrscht ein Toben und Zähneklappern. Wir, der Teil von uns, der noch zusammenbleiben konnte, versammeln uns in einigem Abstand und beschließen, uns in Dreiergruppen nacheinander aufzumachen, die Shaiṭan-Säulen zu steinigen und schnell wieder zurückzukommen. Dann bricht die erste Dreiergruppe auf, eilt zur Säule, vollzieht die Steinigung und eilt sofort zur Gruppe zurück. Es ist ein Hexenkessel. Ich bin mit Salīm und einem farbigen Bruder aus Holland in einer Gruppe zusammen. Wir gelangen relativ leicht in die Nähe der Brüstung zur Säule. Und in Erinnnerung an die Geschichte Abrahams, als er von Shaiṭān versucht wurde, werfen wir „Allāh, meine Hand in Deine!" die Steine. Um uns herum ein Toben und Heulen, als wären Urgewalten freigesetzt.

Und wir werden an das Geländer gedrängt, sekundenlang scheint es unmöglich zu sein, diesen schrecklichen Ort heil wieder zu verlassen. Salīm, der hinter mir steht, schiebt uns langsam rückwärts aus der tobenden Menge wieder hinaus, bis wir uns, in zeitlicher Abstimmung mit unserem großen Bruder aus Holland, umdrehen und schnell zu unserem Treffpunkt laufen können: *Alḥamdulillāh*, geschafft!

Und vorbei an Barbieren mit blitzenden Rasiermessern und geschorenen Köpfen, verlassen wir kurz danach den Hauptweg, der immer enger geworden war und in einen Tunnel mündet. Hier sollte das große Unglück geschehen, das dann auch die westliche Presse beschäftigte.

Wir hatten von dieser Katastrophe – obwohl in der Nähe – zunächst nichts mitbekommen. Wir waren zuvor nach rechts vom Hauptweg abgebogen. Später lesen wir von eineinhalbtausend vornehmlich auf dem Erdboden schlafenden Menschen, auch Kindern und Säuglingen, die totgetrampelt wurden oder erstickten. Leute berichten, fünftausend Tote seinen in Massengräbern verscharrt worden. An dem der Katastrophe folgenden Tag kommen wir ahnungslos zu dieser Stelle zurück. Überall riecht es nach Chlor. „Wie im Krieg nach dem Bombenangriff in Dresden, da wurde auch überall gechlort, nachdem die ganzen Leichen weggeschafft worden waren", erinnert sich Lady Masghūra, die älteste Mitfahrerin unserer Gruppe. Wir wußten damals nicht, daß wir am Tage des Unglücks den Weg, der zu ihm führte, nur kurze Zeit zuvor verlassen hatten. Bis auf einen von uns. Umar, ein aus Malaysia stammender holländischer Bruder, hatte nicht mitbekommen, daß wir vom Hauptweg abgebogen waren, und so hatte es ihn mitten in die Katastrophe geführt. Und in höchster Not, so konnte er uns später erzählen, war ihm unser Sheikh erschienen und hatte ihn angewiesen, sich unter ein parkendes Auto zu legen. Das hatte ihm das Leben gerettet. Preis sei der Güte und der Barmherzigkeit unseres Schöpfers! Wen Er liebt, dem schickt Er Führung! Über die Ereignisse in Minā sagt Sheikh Nāẓim später zu uns, die Leute von Minā hätten in 'Arafat dar-

Große Wäsche auf dem Ḥajj-Parkplatz bei Minā

um gebetet, ins Paradies zu kommen, und Gott hat sie genommen.

Wir erholen uns auf einem großen Ḥajj-Parkplatz in der Nähe. Der Ihrām wird abgelegt, die Männer schneiden oder rasieren einander die Kopfhaare. Die Frauen schneiden sich symbolisch eine kleine Haarsträhne ab. Und der Ḥajj im engeren Sinne ist nun, abgesehen vom Abschieds-Ṭawāf, mit dem wir uns dann noch von Mekka verabschieden wollen, vollbracht. Möge Allāh unsere Pilgerfahrt annehmen!

Die Reise ins Herz des Islam ist die Reise nach Mekka und nach Medina. Die Reise ins Herz des Islam ist zugleich die Reise ins menschliche Herz, von dem es heißt: „Himmel und Erde umfassen Mich nicht, aber das Herz Meines Dieners umfaßt Mich." (Ḥadith Qudsi)

An den nun folgenden Tagen wird in der ganzen muslimischen Welt das Opferfest begangen, das 'Id al-Adhā oder Qurbān bayrami, wie die Türken sagen. Hier in Minā selbst zu schlachten, ist nicht mehr üblich, denn die Massenschlachtungen hatten zu Chaos geführt, dessen man nicht mehr Herr geworden war, und viel Fleisch hatte verderben müssen. Daher ziehen es die meisten Pilger vor, einen Geldbetrag für die Opferung eines Tieres an die Verwaltung zu zahlen, die die Schlachtungen organisiert und die Opfergaben oder Erlöse aus deren Verkauf an Arme und Bedürftige weiterleitet.

Jetzt ist genug Zeit, Wäsche zu waschen, neue Kleidung anzuziehen und sich zu pflegen. Die Wäsche wird natürlich von Hand gewaschen. Ich schleppe einen Eimer voll zu den Waschanlagen, wo schon einige Frauen beschäftigt sind. Kurze Zeit darauf kommen mehrere kleine Mädchen, die sich mit schweren Wäschestücken und einer großen Decke abschleppen. Wir begrüßen uns mit „as-salāmu alaikum" – mehr können wir uns nicht unterhalten. Ich schätze sie auf etwa zehn, elf Jahre. Sie sind sehr geschickt und schnell, scheinen nicht zum ersten Mal die Wäsche der Familie zu erledigen. Selbstbewußt zeigen sie, was sie können: Wie die „Großen" stehen sie da, seifen die Dekke ein, drehen und wenden sie und klatschen sie immer wieder auf den Boden des langgezogenen Waschbassins. Zum Schluß stampfen sie lange Zeit mit ihren Füßen darauf herum, spülen und wringen sie aus. Plitschi-platsch. Sauber! Sie machen das alles in einer Anmut und mit einer Freude und natürlich mit dem Stolz, es fast so gut zu können wie die Erwachsenen. Sie scheinen es wirklich gerne zu machen, während mir das alte Kinderlied einfällt: Zeigt her eure Füße, zeigt her eure Schuh', und sehet den fleißigen Waschfrauen zu. Sie waschen, sie waschen, sie waschen den ganzen Tag; sie wringen, sie wringen, sie wringen den ganzen Tag...

DRITTER TEIL

DER HEIMWEG

28. ERHOLUNG UND WARTEN

Nach der Erfüllung der Verpflichtungen des Ḥajj kühlen wir wenige Tage später in Jiddah – arabisch „Großmutter" –, wo die erste Frau, Eva, begraben sein soll, unsere müden Füße in einer Privatwohnung, in die wir eingeladen worden sind. Auf dem Plüschteppisch in hellem Blau im guten Wohnzimmer einer Stilrichtung zwischen Fünfziger-Jahre-Kitsch und Moderne lang ausgestreckt, kennen wir nichts als schlafen und essen. Die Haushälterin bereitet uns öfter etwas Leckeres zu.

Die Hitze ist derart erdrückend, daß wir keine Lust haben, etwas zu unternehmen. Kurze Momente im kleinen von hohen Mauern umgebenen Garten genügen mir, dann begebe ich mich lieber wieder in die gekühlte Wohnung. Draußen auf den Straßen sehe ich ein paar kleine Geschäfte, sonst finde ich nichts Interessantes in der Nähe, es fehlt auch der Unternehmungsgeist. Es gibt Streß in der Gruppe der Frauen, denn die ausgebrochenen Psychosen einer der mitgefahrenen Frauen sind nicht gerade nervenschonend; auf Gedeih und Verderb sich einer Gruppe anvertrauen zu müssen, ist eine Herausforderung an die Geduld. Die Frau des Hauses ist Koranlehrerin und unterrichtet am Morgen, am frühen Nachmittag kehrt sie zurück und bringt uns köstliches Essen mit. Sie spricht Englisch und setzt sich nach bestem Wissen und Können mit uns auseinander. Sie gibt uns ihre Visitenkarte, wir könnten sie, wenn wir wieder zuhause wären, jederzeit zu Fragen der Religion anrufen, falls wir eine Auskunft benötigten.

Die Männer sind derzeit außerhalb Jiddahs in einer Siedlung untergebracht, wo die meist aus Pakistan stammenden Leute in den orangefarbenen Overalls der Müllabfuhr wohnen. Drei Wohnungen stehen ihnen dort zur Verfügung, relativ modern, doch nicht sehr pfleglich behandelt, jede mit teilweise defekten sanitären Anlagen. Salīm erzählte mir später, daß es eine sehr schwierige Zeit dort gewesen war, gefüllt mit sinnlosem Warten auf eine erfolgreiche Abwicklung von Visum-Angelegenheiten – wir hatten noch keine Visa für Jordanien und Syrien in unseren Pässen – und auf die Ankunft des Camaro, eines amerikanischen Sportwagens, der täglich auf dem Seeweg eintreffen sollte, mit dem unser amerikanischer Bruder Mu'īnuddīn in Verbindung mit dem in Berlin gebliebenen Bruder Abū Bakr Handel treiben wollte. Emir Burhānuddīn hatte es sich, der Einladung eines Geschäftsmannes aus der Hauptstadt folgend, mit Sprachgenie Doktor Nassr, gelegentlich scherzhaft Doktor Nafser genannt, und unserem Paßsheikh 'Abd al-Latīf in Jiddah bequem gemacht, während das Gros der Brüder unter der Leitung von Sheikh Salīm in jener Enklave in Wartestellung blieb.

Es hatte in jenem abgelegenen Gulak wohl heftige Streitigkeiten zwischen einigen Brüdern gegeben, die unter energischem Einsatz einiger Besonnener geschlichtet werden konnten. Erst hatte ein türkischstämmiger Londoner einem alten Pakistani an die Gurgel gewollt, der zu uns gestoßen war, nachden er zuvor das Auto eines Landsmannes zu Schrott gefahren hatte. Es war um das Essen und alltägliche Pflichten zu Konflikten gekommen. Dann gab es Streit darüber, ob man die in Jiddah gebliebenen Frauen nachholen sollte oder nicht. Und schließlich hatten es unsere Holländer endgültig satt, sich von einem ausgeklinkten Düsseldorfer weiter auf der Nase herumtanzen zu lassen, und gedroht: „We'll kill him."

Sheikh Muḥammad, ohnehin nicht der Kräftigste, war krank geworden und so sehr geschwächt, daß er kaum Nahrung zu sich nehmen konnte. Und für unsere Schwester im verwirrten Geisteszustand, die zum Mülldorf gelangt war, hatten die hilflosen Brüdern keinen anderen Rat gewußt, als sie in einer Nervenklinik ärztlicher Aufsicht zu unterstellen.

29. „ALMĀNIYĀ NUMBER ONE“

GELEGENTLICHE ANRUFE der in Jiddah mit Visumangelegenheiten Befaßten – das Telephon in der Siedlung erlaubte nur passive Benutzung – ergaben regelmäßig, daß es noch länger dauern würde und der Camaro auch noch nicht eingetroffen war. Und mit jedem Anruf erhöhte sich der Druck. Da war es ein großes Glück, daß die Brüder in der abgelegenen Müllmänner-Enklave zwei Swimmingpools gefunden hatten.

Es war der Tag des Endspiels um die Fußballweltmeisterschaft, genauer an dessen Abend, als Salīm durch Jiddah ging und erfuhr, daß Deutschland gerade Weltmeister geworden war. „Almāniyā number one!“ Er war durch einige Straßen gegangen und ins Grübeln gekommen. Was war eigentlich los? Nach Beendigung der Pilgerfahrt im engeren Sinne – der ins Auge gefaßte Besuch heiliger Stätten in Jerusalem, *Quds*, und Damaskus, *Shām*, würde klassischerweise zur Pilgerfahrt im weiteren Sinne zählen – schien plötzlich vieles hervorzubrechen, was zuvor unter Kontrolle gehalten worden war. Schließlich hatten wir schon einige Zeit zum Teil auf engem und der großen Hitze wegen nicht selten beschwerlichem Raum zusammen verbracht. Waren es nicht schon bald acht Wochen oder mehr?

Und in der Zeit davor bis zum Anlegen des Pilgergewands hatte es auch immer mal Konflikte gegeben. Sheikh Muḥammad, der Pünktliche, der wohl kaum jemals ein *ṣalātu l-tahajjud*, ein *ṣalātu l-ḍuḥā* oder sonst eines der freiwilligen Gebete ausließ und uns allen ein Vorbild darin war, hatte später die Pilgerfahrten verglichen, an denen er teilnahm, und gemeint, diese wäre die längste gewesen und ihm als die bei weitem lebendigste und besonders segensreich erschienen. *Alḥamduli Llah.* Es war immer was los gewesen, so oder so. Immer wieder war es um organisatorische oder persönliche Sachen gegangen, und wenn es nur das den ganzen Bus tyranisierende Gebaren eines Zehnjährigen war, dessen offenkundig schlechtes Benehmen von einem überforderten Vater kategorisch gedeckt wurde. *AstaghfiruLlah.* – Aber so schlimm wie die Stimmung jetzt war, war sie noch nie gewesen. Vielleicht würde sie sich ja wieder heben. Klar doch, nach dem absoluten Tiefpunkt kann es ja nur noch aufwärts gehen. Nach Erledigung der für Damaskus notwendigen Visaangelegenheiten fährt unser Bus am 10. Juli nach dem 'Ishā-Gebet weiter, ohne daß der heiß erwartete Camaro aufgetaucht wäre.

30. ABSCHIED VON RASŪLULLĀH

WIR FUHREN ZUNÄCHST nach Medina zurück, wo wir unsere vierzig Gebete vervollständigen wollten. Zum Fajr kommen wir bei der *Quba*-Moschee des Propheten Muḥammad an, Allāh segne ihn und schenke ihm Heil, der ersten vom heiligen Propheten in Medina gebauten Moschee. Es ist der Erzählung nach der Platz, an dem sich sein Kamel niedergelassen hatte – eine Entscheidung gegenüber den Angeboten so vieler Menschen, an bevorzugten Plätzen seine erste Moschee zu bauen. Der Ort ist rings herum mit Dattelpalmen umwachsen, etwas außerhalb gelegen, aber noch zum Stadtgebiet gehörend. Nach dem Fajr fahren wir der kranken Schwester wegen in eine psychiatrische Klinik und dann zurück in das Viertel, in dem wir bei unserem ersten Besuch schon gewohnt hatten. Unser alter Gastgeber Sheikh Maḥmūd al-Qasanly begrüßt uns freundlich. Und dieses Mal haben wir die Muße, die Stadt des Propheten genauer zu erforschen.

Zwei Tage später machen wir dann nach Asr eine Rundfahrt: Wir besuchen den Friedhof von Uhut, den historischen Ort, wo die zweite entscheidende Schlacht von Muḥammads Leuten verloren wurde. Ein Mann erzählt uns den Grund: Die Bogenschützen, fünfzig an der Zahl, hatten sich nicht an den Befehl gehalten, auf dem nahen Hügel zu verharren und, egal, was auch passierte, die Leute Muḥammads, der Friede sei auf ihm, rückwärtig gegen die feindliche Reiterei zu decken. Sie verließen ihren Posten, als sie glaubten, der Kampf wäre zu ihren Gunsten entschieden. Deshalb hatten die muslimischen Kämpfer, im Rükken ungedeckt, von der feindlichen Reiterei überrollt werden können. Dort ist auch das Grabmahl des berühmten tapferen Gefährten Ḥamsa, eines der Heerführer. Das Grab ist – auch hier dasselbe Bild wie auf dem Sahaba-Friedhof bei der Propheten-Moschee – von der plattgewalzten Sand- und Steinwüste des Friedhofs kaum zu unterscheiden, abgesetzt nur durch eine kleine Steinchenabgrenzung und zwei winzige aufgerichtete Steinchen in der Mitte. Es ist eine Schande.

Wir besuchen die Moschee „Qiblataini", die Moschee der „Zwei Gebetsrichtungen". Diese Moschee, in der der Befehl an den heiligen Propheten erging, daß zukünftig nicht mehr in die Richtung Jerusalems, sondern in Richtung Mekka gebetet werden sollte, ist sehr verwinkelt und vollständig renoviert, sie wirkt geradezu klinisch aseptisch. Wir besuchen den Platz der „sieben Moscheen", an dem in einem nicht begehbaren grünen Garten auch Maqāms von Fāṭima, der Tochter des heiligen Propheten, von 'Alī, 'Umar und Abū Bakr as-Sidīq liegen, der Friede sei mit ihnen allen. In unserem alten Quartier wieder angekommen, erhalten die Männer eine Einladung des sehr alten Sheikhs al-Bukharī, der sie im obersten Raum eines turmartigen Gebäudes mit Tee und einer explosiven Ṣuḥbat, einer in schnellstem Arabisch grollend vorgetragenen Rede, bewirtet.

An einem der folgenden Tage schickte er seinen Sohn und einen Schüler mit zwei riesigen Blechplatten voll Reis und Hähnchen zu unserer Unterkunft, eine für die Männer und eine für die Frauen. Es war schon spät geworden, und der größte Teil unserer Gemeinschaft hatte sich in verschiedene Teile des Gebäudes zum Schlafen zurückgezogen und den angekündigten Besuch längst abgeschrieben. Doch der war eben dann doch noch erschienen. Und so war es an dreien unserer Brüder, darunter Doktor Nasser und Sheikh Salīm, die Ehre der Jamā't zu retten. Denn der Sohn Sheikh al-Bukharīs hatte gesagt: „O Sheikh Salīm, dies ist kein gewöhnliches Essen, vielmehr trägt es die ganze *baraqa*, den ausdrücklichen Segen unseres Sheikhs, meines Vaters, in sich. Deshalb ist es notwendig, daß wir alles bis zum letzten Rest aufessen." So haben dann fünf junge Männer unter vollem Einsatz einen Berg aus Reis und Hähnchen vertilgt, der weit mehr als einen Meter im Durchmesser maß. Und so kam denn – wir Frauen durften unser etwas kleineres Tablett am nächsten Tag zur Strecke bringen – großer Segen auf unsere Gemeinschaft.

Eine beglückende Zeit in Medina. Morgens der Aufbruch zum ersten *adhān*: ein Adhān, der nirgendwo auf der Welt so eindringlich, so voller Süße und Inbrunst gewesen schien wie hier in der Stadt des Propheten, möge Allāh Frieden auf ihn senden und auf seine Familie und Segen. Dunkel zwar noch der Himmel, doch zugleich voller Licht. *Nurun 'āla nurin yaḥdi llāhu li nūrihi man yashā'*. „Licht über Licht, und Allāh gibt von seinem Lichte, wem er will." Es ist ein großes Glück, hier zu sein, den Gesandten Gottes, ḤabībuLlāh Sayyidinā 'Abul Qāsim Muḥammad, zu besuchen, den Liebling Allāhs, unseren Herrn Muḥammad, den Vater von Qāsim, der Barmherzige schicke uferlose Meere des Erbarmens und der Gnade und des Segens auf ihn herab und auf seine Familie, und seine Gefährten allesamt, und sei mit ihnen zufrieden. Es liegt ein eigenes Wunder über der Stadt, daß, wer sie jemals besuchte, ihrer nur unter Tränen zu gedenken vermag, solchen der Freude und Dankbarkeit und auch der Reue. Und wer immer diese Zeilen liest, dem gebe, darum bitten wir, unser Schöpfer ein gutes Stückchen ab von diesem Glück, das sich zum Erstaunen der Herren Physiker und Chemiker durch solche Teilung nur vermehrt.

Und was immer du machst in deinem Leben, versuche, wenigstens einmal die Mutter der Städte zu besuchen und denjenigen, der Segen sei auf ihm, um dessen willen diese Stadt und jedes Staubkorn in ihr gesegnet sind. Das ist es, was ich dir vom Ḥajj mitbringen möchte, den Rat, die Absicht dazu zu fassen. Natürlich gedenken wir in jedem Gebet des Lichtes von Muḥammad, seien Segen und Frieden unseres Schöpfers auf ihm und seiner Familie, doch, wenn es dir leichtfällt, so besuch ihn. Und wenn du ihn besuchst, so sage ihm Grüße von mir und uns aus Deutschland, wenn du gerade daran denkst und es dir eine Freude ist, das zu tun.

Irgendwann mußten wir uns lösen. Der Aufbruch war angezeigt. Und es ging dann weiter, ohne daß der amerikanische Sportwagen, der Camaro, aufgetaucht wäre, auf den wir, besonders unser amerikanischer Bruder Mu'īnuddīn, auch in Medina gewartet hatten. Wir fahren an der Moschee unseres Propheten vorbei, auf dem der Friede sei, um ihn ein letztes Mal zu grüßen, und verabschieden uns noch einmal mit Salawāts und einem Gesang, dessen Melodie über den Abschiedsschmerz hinweghilft und in der Gewißheit mündet, daß es für uns eine Ehre und unermeßliche Gnade ist, seiner Gemeinde zuzugehören. Alle in dieser Zeit lebenden Menschen haben dieses Glück, nicht etwa nur die Muslime. Die meisten Menschen aber scheinen das gar nicht zu wissen und nicht zu ahnen, wie sehr sie von ihrem Propheten geliebt werden, der Friede sei auf ihm. „O Rasūlullāh Muḥammad, Gepriesener und Siegel der Propheten, sei mit uns und laß uns mit dir sein! Wir wollen weiterfahren über Jordanien, Syrien, Palästina, die Türkei, Zypern und weiter bis nach Deutschland und einige bis nach Holland, doch wollen wir dich nie wirklich verlassen! Bitte für uns, daß unser Herr es fügt, daß wir deinen Ort vielleicht im Leben noch einmal besuchen können. O du, der du dich immer schützend vor die Schwachen gestellt hast, du sollst unser Vorbild sein! O ehrwürdiger Prophet, der Friede sei auf uns und allen aufrechten Dienern unseres Herrn! *Assalāmu 'alaikum, ya aiyuha n-nabī...*" Möge der Herr es fügen, daß auch andere einen Geschmack davon erhalten. Amin.

31. JORDANIEN, EIN KÖNIGREICH

Wir überqueren die Grenze nach Jordanien. Und waren wir seit der Abfahrt von Medina alle ziemlich aufgedreht gewesen, so kommt mit einem Mal eine himmlische Ruhe, Leichtigkeit und Heiterkeit auf uns herab. Die Hektik Saudiarabiens oder wessen auch immer ist wie verflogen, und eine staubige, gelegentlich rötliche Wüste mit Geröll zieht unter gedämpftem Blick dahin: Was macht einen Ort zu einem schweren oder leichten? Sind es die Jinnen, die Geister? Was ist es, dem sich der Segen eines Landes, seine Fröhlichkeit, verdankt?

Sheikh Salīm meint, es liege ein Segen auf dem Land, weil Jordanien ein Königreich ist und zwar das eines Königs, der nicht durch Mord und Totschlag an die Macht gekommen ist wie fast alle anderen in Arabien, sondern in einer langen und ehrbaren Tradition steht. Segen läge in der Monarchie, wenn der König seinem Land in einer Weise vorsteht wie der Vater seiner Familie, die er liebt, und ein jeder Mann das Recht hat, persönlich mit dem König zu sprechen. Für ihn, so Salīm, gäbe es keine beruhigendere Verfassung als die des Königtums eines gottesfürchtigen Königs.

„Jetzt das wieder", dachte ich, „eine der Lieblingsideen des Mannes": „Woher weißt du denn", frage ich, „daß unter solchen Bedingungen nicht jederzeit ein Tyrann, ein blutvergießender Despot auftreten kann?" – Das sollte er doch erst einmal erklären, bevor er vom Paradiese schwärmt!

„Ein blutvergießender Tyrann ist sicher für ein Land ein großes Unglück", gesteht Salim zu, „wie ein gerechter König ein großer Segen für ein Land ist." Doch könne man in diesem Falle wenigstens noch zwischen gut und böse unterscheiden, könne man wenigstens das Böse noch sehen, das sich im Grau der Parteienwirtschaft parlamentarischer Demokratien längst fast unsichtbar gemacht hätte. Vielleicht aber sei man dort jetzt sogar nicht einmal mehr des Bösen fähig, weil man gar nichts mehr schafft, sondern sich in verschiedenen Interessensgruppen nur gegenseitig so blockiert, daß überhaupt keine Entscheidung mehr stattfindet. Es sei das Chaos.

„Ich finde", unterbrach ich ihn, „bei uns aber alles sehr schön geordnet. Es gibt ja Gesetze, und es herrscht eine bestimmte Sicherheit." – Ein Königreich aber, das wäre doch völlig unrealistisch. „Willst du wirklich", und Triumph mußte meine Lippen umspielt haben, „die Segen der parlamentarischen Demokratie preisgeben, die bürgerlichen Freiheiten, die Rechtssicherheit?" Ich blickte bedeutungsvoll in die Runde. Und während einige Blicke sich senkten, fragte ein strahlender Salim, woran es denn liege, daß das Herz kalt bleibt – „als Kind warst du enttäuscht" –, wenn in einem Märchen kein König vorkommt, „kein Sultan oder Wezir." Und er gab selbst die Antwort: In einem Königtum gebe es noch Ehre und Respekt, klare Verantwortlichkeit, Mut. „So bedrohlich", Salim sah mich an, „wie die Möglichkeit des Tyrannen auch empfunden werden kann, mit ihm ist leider auch eines der herrlichsten Dingen verschwunden, die es früher gegeben hat: der Mannesmut nämlich vor Tyrannenthron!" Bei uns sei heute alles nur eine Frage geschickter Bündnisse.

„Und die freiheitlich Demokratische Grundordnung Almaniens und der ganzen westlichen Welt, soll die nun nichts mehr gelten?", warf ich ein und erinnerte: „Kann ein Muslim in irgendeinem Land der Welt denn freier seinen Glauben leben als in einem westlichen! Und hat unter den Staatsphilosophen nicht schon der altehrwürdige Eflaton, wie Platon auf Arabisch heißt, die Demokratie vor anderen Regierungsformen ausdrücklich gelobt?"

„Ja", wiegelte Salim ab, „aber als die relativ beste der insgesamt schlechten. Und was ist mit dem Schierlingsbecher, dem Gift, das Sokrates hat trinken sollen und aus Achtung vor dem Gesetz auch getrunken hat? War jenes Urteil nicht ein deutlicher Ausdruck, fataler Anfang einer fragwürdigen Sache? Und bestimmt hat später einige der Athener die Reue gepackt, und sie werden erkannt haben, daß eine Abstimmung oder eine Wahl doch ganz etwas anderes ist, als wirklich eine Entscheidung zu fällen. – Das Volk soll herrschen? Regieren, das Volk? Nein, dem Volk kommt es zu, regiert zu werden." Und es könne gut sein, daß sich die sogenannte Herrschaft des Volkes eines Tages als eines der größten Irrtümer abendländischer Geschichte herausstellt, als ein fatales, ja ein wesentlich verderbtes Idol.

Salīm geriet richtig in Fahrt und meinte, jeder Segler wüßte, daß man nur auf eine Stimme hören kann. Da gelte es, dem Kapitän zu gehorchen. Und das sogar dann, wenn der sich irrte. Denn wenn man ihm nicht folgt, bricht das totale Chaos aus, capsizing, „Dämonkratie", wie er genüßlich buchstabierte, Herrschaft des Dämons, Kampf aller gegen alle, Demokratie, bloß ritualisierte Form des „homo homini lupus" zur Durchsetzung egoistischer Interessen! Wer trägt dort wirklich Verantwortung? Wem liegt wirklich das Wohl des ganzen Landes am Herzen? Den pressure-groups, den Lobbyisten, den Parteien? Und zur Legitimierungsfrage, meint unser Philosoph, ein Tyrann, vielleicht eine Strafe Gottes, sei einem Land immer noch förderlicher als das emphatisch zelebrierte Chaos demokratischer Selbstfesselung. Dem liege wirklich etwas an seinem Land.

„So kann nur einer reden", unterbrach ich, „der in einem demokratischen Land lebt. Unter einem schlechten König, einem Diktator, preisen die Menschen wohl eben das Gegenteil: die Demokratie. Ich möchte gerne wissen, was denn unser Prophet, der Friede sei auf ihm, zu solchen Fragen gesagt hat."

Ein Bruder erinnerte sich an eine Rede Sheikh Fariduddins, wonach der Prophet, der Friede sei auf ihm und seiner Familie und Segen, mit Blick auf die Entwicklung der Staatsformen einmal gesagt habe: „Zuerst werden die rechtgeleiteten Khalifen kommen, dann die Könige, dann die Tyrannen, dann wird heilloses Durcheinander sein."

Salim war ganz begeistert: „Ja genau! – Das ist genau die Zeit, in der wir jetzt leben. Man sitzt im Auto Demokratie und stimmt an jeder Kreuzung darüber ab, in welche Richtung man fährt. Und statt eines Fahrers streiten sich gleich mehrere um das Lenkrad, und besonders um das Gaspedal. Auf der Bremse hängen gleich mehrere Gruppen, bei der Kupplung dasselbe, die Blinker werden von anderen verwaltet. Das Bild ist beliebig erweiterbar. Wer soll für den Gebrauch der Hupe verantwortlich sei, wer für die Fensterheber? – Wer im Märchen in Not ist, geht zum König und bittet um seine Hilfe. Wer in der harten demokratischen Wirklichkeit in Not ist, wohin soll der sich wenden? Jeder glaubt, er sei für alles zuständig, und fühlt sich dabei, was nur die andere Seite desselben ist, für nichts verantwortlich. Wie erquickend dagegen ein gerechter König, wie erquickend dagegen sogar ein Tyrann."

Bevor ich einer solch kämpferischen Rede gegenüber meine letzten Verteidigungsreserven mobilisieren konnte, gab Salīm dem ganzen noch eine überraschende Wendung.

„Und außerdem" meinte er mit einem fröhlichen Blick auf mich, „welche Frau möchte nicht gerne an der Seite eines Königs sitzen oder von ihrem Mann wie eine Königin behandelt werden." Ja, das leuchtete schon ein. „Und einige Muslime behandeln ihre Frauen wie Königinnen, schon aus Klugheit. Denn das ist ihre einzige Chance, zu Hause entsprechend auch wie Könige behandelt zu werden!" – Während der Bus zu einer Pause in den Weg zu einer Rastanlage einschwenke, wird mir klar: Nicht nur gibt es das Kind im Manne, sondern in jedem auch einen kleinen König!

32. EIN BAD IN DER WÜSTE

In Ma'ān in Jordanien sind wir bei Sheikh Khālid, seinen zwei Frauen und siebzehn Kindern, zehn Mädchen und sieben Buben, zu Gast, der einem Familienclan von rund fünfhundert Leuten vorsteht. Wir werden in ein Anwesen geführt, das von einer hohen Mauer umgeben ist. Das Gebäude, das wie die meisten Häuser hier zwei Stockwerke hat, besteht aus großen, sparsam möblierten Räumen. Der sehr große Gästeraum, in dem die Männer die nächsten Tage frühstücken werden, macht mit seinen kostbaren Teppichen und seinen an den Wänden verlaufenden brokatverkleideten Polstern einen gediegenen Eindruck. Von der Wand grüßt ein Bild des Hausherrn in jungen Jahren: ein Wüstensheikh in vollem Ornat auf einem traumhaft schönen weißen Araberhengst. Die verschiedenartigen Gebäudeteile öffnen sich nach hinten zu einem Garten, der zu vielfältigen Aktivitäten einlädt. Zu unserer Begrüßung wird ein Hammel geschlachtet.

Den Männern zeigt Sheikh Khālid außerhalb der Stadt „seinen Garten", wie er es nennt: Einen ganzen Hügel trotzt er der Wüste ab. Im Beduinenzelt seiner Helfer lädt er zum Tee. Fröhliche Gesichter auch der Kleinen, die dem seltenen Besuch aus schüchterner Distanz lautlos verschmitzt geheime Botschaften zuwerfen.

Sheikh Khālid erzählt, er habe Allāh gebeten, ihm eine Stelle zu zeigen, wo Wasser zu finden wäre. Und im Traum sei ihm die Stelle gezeigt worden, die wir gleich besichtigen wollten. Vor drei Monaten hat er Tausende von Orangen- und Apfelbäumen, Kürbis, Gurken pflanzen lassen. Stolz präsentiert er die ersten Früchte. Der Hügel wird von zwei zusammenhängenden zimmerhohen Bassins aus bewässert, in die, aus der Tiefe heraufgepumpt, ein armdicker Strahl eiskalten Wassers spritzt.

Sheikh Khālid lädt zu erfrischendem Bade, er selbst traut sich nicht ins Wasser, vielleicht kann er ja nicht schwimmen. In herrlich kühlem Naß entwickeln sich lautstarke Wasserspiele. Unter dem mittleren die Teile des siloartigen Doppelkubus zusammenhaltenden Betonarm hindurch taucht es sich leicht in den anderen Teil hinein, wo wassertretende Sheikhs aus Deutschland über den Sims des Beckenrandes direkt in die Wüste schauen. Aus der Ferne grüßen mit hohen Staubfahnen ein paar Sandstürme. Sheikh Khālid kost stolz ein bildhübsches rotbraunes Araberfohlen, das dort oben angepflockt ist, und bittet Salīm zum obligatorischen Foto.

Im Hause ruhen wir uns inzwischen aus, lernen die Familie und die vielen Kinder kennen. Im blühenden Garten spazieren

Sheikh Salīm und Sheikh Khālid in dessen Wüstengarten bei Ma'ān

Hajji Hağar mit Mädchen im Hausgarten

wir hin und her. Die Frauen und älteren Mädchen sind mit der Essenszubereitung beschäftigt. Unsere Schwester Amatullah und einige andere Schwestern machen sich mit den Kindern bekannt. Sie setzen sich im Kreis hin, und da es mit der Sprache nicht so klappt, wird eben gesungen. Amatullah singt einfache Kinderlieder, zu der die Kinder an bestimmten Stellen klatschen müssen, sie sind begeistert. Da ertönen auch Lieder in Plattdeutsch, die Kinder schauen mit offenem Mund zu. Bald darauf drängt es sie zu weiteren Aktionen, und ein richtiger Hausputz wird veranstaltet. Schon sieht man sie fröhlich gemeinsam den Gang des Hauses und die Treppenstufen heftig schrubben, das Wasser platscht nur so, und es werden dabei laut Lieder gesungen, auf Deutsch und schließlich auf Arabisch: „*ṭala'a al-badru 'alaina, min thānī ya'tī al-wadā', wajaba al-shukru 'alainā, mā da'ā lillāhi daā'...*" Dieser Willkommensgruß auf den Propheten Muḥammad, Allāh segne ihn und schenke ihm Heil, ist eines der Lieblingslieder von Muslimen auf der ganzen Welt. In seiner eigenartigen Melodieführung verbindet es Herzen und Welten und wird jedem, der es einmal gehört hat, unvergessen bleiben: „Über uns erstrahlt der volle Mond, zum zweiten Mal der Abschied kommt, der Dank ist unsere Pflicht; wozu Allāh aufgerufen hatte, ging um die Welt."

An einem Abend laden uns die Frauen ein, mit ihnen durch die Wohnung der zweiten Frau auf das Dach des Hauses zu kommen. Dort ist was los: Auf der großen Dachterrasse, von der man die ganze Gegend gut im Auge hat, ohne gesehen zu werden, liegt eine Menge geschorener Schafswolle, und die Frauen sind dabei, sie auseinanderzuziehen. Und immer noch mehr Ballen werden ausgepackt. Die Wollklumpen werden verdünnt und nun gezupft; wir werden eingeladen, auch mitzuhelfen, was uns gut gefällt. Die Frauen scherzen dabei und lachen, und wir sitzen da in der lauwarmen Nacht, bis die Sterne erscheinen und wir langsam müde werden.

Von Ma'ān aus führt Emir Burhānuddīn ein kurzes Ferngespräch mit dem schwerkranken Sheikh Musṭafa von Sylt, der aus Freiburg dringend von dem geplanten Besuch Jerusalems abrät. Burhanuddīn bietet Salīm den Hörer an. Doch unter dem Eindruck eines guten Dutzend begehrlicher Blicke verzichtet der auf diesen Vorzug und bittet, doch herzlich von ihm und allen zu grüßen. Wochen später wird er diese Zurückhaltung sehr bedauern, und manchmal tut er es auch heute noch. Es wäre für ihn in diesem Leben die letzte Möglichkeit gewesen, noch einmal mit Sheikh Muṣṭafa zu sprechen; möge Allāh seine Seele heiligen.

33. 'AMMĀN, DER KNOTENPUNKT

In 'Ammān, der Hauptstadt des Königreichs Jordanien, möge Allāh dem König Ratschluß und Tatkraft geben, sind wir zunächst Gäste Sheikh Ḥāzims, eines freundlichen Herrn, der einer Art Koranschule oder Tekke vorsteht. Sie liegt mitten in der Stadt und ist in einen großen fünf- oder sechsstöckigen Häuserblock integriert und von außen nicht als solche zu erkennen. Dort begrüßt uns am Nachmittag hoher Besuch. Sheikh Muḥammad Jamāl, ein Sheikh in der *Silsila* der Ṭarīqat Abd al-Qādir 'Īsā ash-Shādhulīs und einer der Imame der Al-Aqsar Moschee in Quds, wie die Muslime Jerusalem nennen, ist ein imposanter Mann. Groß und breit mit Vollbart und einem strengen Blick unter buschigen Brauen. Er war im ganzen Land bekannt geworden, als er vor Jahren seinen Dienst in Quds damit begann, daß er die Hauptstraße eigenhändig mit dem Besen auskehrte.

„Quds" oder „Hierosolima", was macht das schon, scheinen Araber und Griechen, wenn auch in verschiedenem Klang, als genau dasselbe zu benennen. Mit Sheikh Jamāl jedenfalls fällt ein Lichtstrahl der Heiligen Stadt in den schattigen Raum, *al-ḥamdulillāh.* Immer wieder treffen wir mit wunderbaren Menschen zusammen. Und dieser ist, hellwach und von einer bemerkenswerten Art der Aufmerksamkeit, auch in allen Dingen aufs Beste unterrichtet. Als Salīm ihm Salāms von dessen Schüler 'Ali Faruk aus Freiburg bestellt, wird er dafür mit der topaktuellen Nachricht überrascht, daß besagter Bruder nämlich gerade stolzer Vater eines weiteren Kindes geworden ist. Sheikh Jamāl erzählt von einer Überlieferung, nach der in der Endzeit die Sonne des Islam im Westen aufgehen wird. Den Besuch einer so großen Gruppe europäischer Muslime deute er als ein Zeichen in diesem Sinn. Und während er sich mit Blick auf den bevorstehenden Freitag sein Kopfhaar rasieren läßt, fragt er Salīm, welches denn die Haltung wäre, in der man Allāh *subḥānahu wa ta'āla* um etwas bitte. Nach einer kleinen Pause des Nachdenkens erhält er zu seiner Zufriedenheit die richtige Antwort: in der *sajda.* Die Niederwerfung ist die Haltung, in der Muslime ihren Schöpfer bitten.

Lange vor dem Morgengebet werden wir Frauen geweckt und in einen Saal geleitet, wo eine überraschend große Zahl einheimischer Frühaufsteherinnen im stillen Dhikr, betend oder in Gespräche vertieft, bereits auf uns zu warten scheint. Nach und nach kommen noch neue Frauen herein und gesellen sich dazu. Eine Frau erklärt uns, daß sie jeden Morgen fünfhundert oder tausend Salawāts auf den Propheten geben, bevor der Tag für sie beginnt. Ein junges Mädchen nimmt sich unserer in besonderer Weise an und fragt, ob sie uns eine Stelle aus dem Heiligen Koran nahebringen dürfe. Mit klarer Stimme und vor Begeisterung glänzendem Gesicht trägt sie, deutlich geübt in der Rezitationsart des Tajwīd, in der alle Silben deutlich artikuliert werden, einige Verse aus der Sure ar-Raḥmān vor, die sie anschließend freudestrahlend sehr ausführlich auf Englisch erläutert. Diese Sure mit jenem wechselreimartig wiederholten Ayat „*fabi'ayyi 'alā'i rabbikumā tukadhdhibān*" – „welche der Wohltaten eures Herrn wolltet ihr beide – gemeint sind hier die Jinn und die Menschen – wohl leugnen!" – ist sehr beliebt und wird im täglichen Tarawiyya-Gebet im Monat Ramadan wohl auf der ganzen Welt gebetet. Die junge Frau, die in mir eine geduldige, wenn auch noch recht schlaftrunkene Zuhörerin findet, ist Feuer und Flamme und von einer Art beseelter Hingabe, der ich mich nicht entziehen kann. Ihr Vortrag wird vom Tatendrang der älteren Frauen unterbrochen. Sie schlagen vor, daß wir uns im Kreis aufstellen und nun ein Dhikr im Stehen veranstalten, eine ihrer spirituellen Hauptübungen. Und wir werden durch die Gesänge und Bewegungen, die den Dhikr begleiten, Teil dieser Gemeinschaft, die uns jetzt ganz in Beschlag nimmt. Nach dem Morgengebet verabschieden sich die Frauen und gehen ihrer Wege, und auf mich legt sich plötzlich eine bleierne Müdigkeit. Ich werde noch ein wenig schlafen, denn bis zur nächsten Verabredung – eine ältere Nachbarin hat einige unserer Frauen zum Essen eingeladen – ist ja noch Zeit.

Am Nachmittag dann werden wir durch die Nachbarschaft mit niedrigen, einfachen Häusern bis zur Wohnung unserer Gastgeberin geführt. Sie sind alle freundlich, die ganze Familie wird uns vorgeführt, vom Großvater bis zu den Kleinsten. Es ist eine große Ehre für uns, so herzlich empfangen zu werden. Und schließlich gibt es ein Essen mit viel fettem Fleisch, und immer wieder werden die Teller mit dem einfachen, aber sehr köstlichen Essen beladen, das so gut schmeckt. Können wir uns auch kaum verständigen, so zeigen wir doch unseren Dank, indem wir unsere Teller „blitzen" lassen.

In der Begleitung Sheikh Hāzims und eines landesweit bekannten Koran-Rezitators der Al-Azhar Moschee aus Kairo, der über ein leider ganz falsch justiertes Busmikrophon eindringliche Kostproben seines Könnens gibt, fährt ein Teil von uns in die Berge, um den Propheten Yūsha', Josua, zu besuchen, der Friede sei auf ihm. Yūsha', direkter Nachfolger des Propheten Mūsā, ist als tapferer und mutiger Soldat, aber auch als Schriftgelehrter bekannt. Nach vierzig Jahren des Exils und der Irrungen des Volkes Israel in der Wüste hatte er sein Volk in das Gelobte Land geführt. Jeder der zwölf Stämme erhielt dort sein Stammesgebiet, und Yūsha's Führung und Kriegskunst verdankten sie es, daß sie sich gegen die Kaaniter durchsetzten und das Land befriedeten. Jerusalem wurde eingenommen. Einmal, so erzählt die Überlieferung, habe Allāh die Sonne angehalten, damit Yūsha' eine seiner Schlachten vor Sonnenuntergang beenden konnte.

An seinem Grab treffen die Besucher auf eine Gruppe von Derwischen, die sich in emphatischem Lobpreis auf unseren

Schöpfer in rhythmischem Dhikr wiegen: „Allāh, Allāh, Allāh…" Draußen vor der Kapelle wird ein herrlicher Rundblick genossen, und ein Wind, der, aus weitesten Weiten kommend, Reisenden zur erquickenden Briese wird und jetzt auch zum Aufbruch ruft.

34. SHEIKH MUḤAMMAD 'UTHMĀN SIRAJUDDĪN

Zur Abendzeit findet sich ein Teil der Gruppe in 'Ammān in einem sehr großen langezogenen Beduinenzelt wieder. Es ist stockdunkel. Lobgesänge auf unseren Propheten Muḥammad, Allāh segne ihn und schenke ihm Heil, werden skandiert, der ehrenwerten Sheikhs der verschiedenen Ṭarīqats wird in kraftvollem Wechselgesang gedacht. Und das dauert alles schon seine Zeit, bis auf einmal das Licht angeht. Und, gestützt von zwei kräftigen Männern, schreitet – das Schicksal füge es, daß wir ihn niemals vergessen werden – ein sehr alter zartgebauter Mann durch den Mittelgang des Zeltes in unsere Richtung, die auch die des Aus- oder Eingangs ist.

Auf der Höhe eines unserer Brüder bleibt er stehen, wendet sich ihm zu und fragt: „Ismuk?" Der Bruder antwortet „Salīm". Und: „Man ayya balad?" Die Antwort: „Almāniyā." Der alte Mann lächelt und heißt uns willkommen. Es ist Sheikh Muḥammad 'Uthmān Sirajuddīn, ein wunderbarer Mensch, der im Iran und dem iranisch-russisch-irakischen Grenzgebiet viele tausend Schüler hatte und für seine Gabe des Heilens bekannt ist. Später sitzen unsere Männer mit ihm um ein riesiges Blech mit einer Süßigkeit, die er an die Gäste verteilt. Mit seinem um den Kopf und den unteren Teil des Gesichts geschlungenen Turbantuch wirkt er wie aus einer anderen Welt und zugleich doch so vertraut.

Während der Alte jedem der im Kreis Sitzenden einen der süßen Happen zuteilt – Sheikh Hāzim wird von Süßigkeiten derart zugekleistert, daß sein Bart vor Zuckerguß nur so tropft –, schwebt über einigen der Brüder unausgesprochen die Frage: „Folgt dieser Mann der Sunna des Propheten?" Für uns Reisende war dies immer wieder die Schlüsselfrage zur Einschätzung fremder Menschen gewesen, ja eine Art von Versicherung und Beruhigung. Und es war klar, daß, wer in der Sunna des Propheten Muḥammad, der Friede sei auf ihm, lebt, gesegnet und ein guter Mensch sein muß. Wer diesen Regeln folgt, in denen die Weisheit der Propheten sich bewahrt und an jedem Tage neu verwirklicht, der Friede sei auf ihnen, der hat unser Vertrauen. Und da das Gesichtstuch des alten Mannes den unteren Teil des Gesichtes verbirgt, fragen sich einige von uns, ob er wohl einen Bart trägt. Einen Ring scheint er nicht zu tragen. Wie zur Antwort schlägt der Sheikh das Tuch zurück: Er trägt einen Bart! Und er erzählt, seinen Ringfinger auf der Flucht verletzt zu haben, weshalb er zur Zeit seinen Ring nicht trage. *Māshā'llāh!*

Sein Gastgeber, ein wohlhabender Geschäftsmann aus 'Ammān, der tagsüber im Anzug mit Schlips und abends in weitgeschwungener Jalabiya und einer unvermeidlichen Videokamera aktiv ist, lädt die Deutschen für den nächsten Tag alle zu sich nach Hause ein, in ein palastähnliche Anwesen, wo wir mehrere Tage in ziemlichem Luxus wohnen sollten.

Die Frauen, die mit Ausnahme von Schwester Khairiya von der Fahrt zum Maqām des Propheten Josuas, der späteren Begegnung mit Sheikh 'Uthmān und der Einladung in das Haus seines Gastgebers nur aus der Erzählung erfahren, fühlen sich zurückgesetzt und protestieren. Zum Trost wird eine kleine Extratour für sie ins Programm aufgenommen. Sheikh Salīm soll als der älteste der Männer, so wird beschlossen, die Frauen in eine im unteren Teil der Stadt gelegene Eisdiele ausführen. Er wählt noch Bruder Mu'inuddīn, unseren amerikanischen Busfahrer und beinahe Camaro-Händler, zum Begleiter, und bald sieht man eine Reihe farbenfroh gekleideter Damen, angeführt von zwei Männern, sich im Gänsemarsch der Eisdiele zubewegen. Ein westlicher Beobachter hätte sagen können: „Aha, zwei Männer und ein gutes Dutzend Frauen, das ist typisch Islam!" Und sie

Sheikh Muḥammad 'Uthmān Sirajuddīn: „Ich werde euch nie vergessen!“

hätten gleich fortfahren können: „Und uns selbst ist leider nur eine erlaubt!" Diese Abwechslung und eine Vielfalt verschiedener Süßigkeiten tragen dazu bei, daß sich die Stimmung unter den Frauen doch verbessert. *Al-ḥamdulillāh.*

Am Nachmittag ziehen wir in das Haus des Gastgebers von Sheikh 'Uthmān, des Alten, um. Dieser war im Iran verfolgt gewesen und nach Jordanien geflohen. Vor dem Haus steht noch das Fluchtauto, und wir ertasten die Schußlöcher. Am Abend treffen sich die Sheikhs zum Gebet. Und von Sheikh Muḥammad 'Uthmān Sirajuddīn gehen solch ein Segen und eine unbeschreiblich sanfte, zugleich unverbrüchliche Heiterkeit aus, daß sicher irgendwo ein paar Tränen getropft sind, der Reue, der Scham und des Glücks. Trägt er Verse des Heiligen Koran vor, ist es, als werde die Gemeinschaft mit ihm an einen anderen Ort und in eine andere Zeit getragen. Ein deutscher Bruder qualifizierte diese Art der Rezitation neudeutsch als wirklich „ausgespaced!".

Sheikh Muḥammad 'Uthmān Sirajuddīn, der als junger Mann einen rabenschwarzen Araberhengst geritten hatte – die Damen der Ṭarīqa zeigten sich von einem Bild nicht wenig beeindruckt –, war für einige Tage unser großes Glück. Und wir preisen Allāh, der uns täglich erquickt und uns die herrlichsten seiner Diener schickt. Hier einen ganz besonderen, der sich auch lächelnd vom dickbäuchigen Gastgeber zu vielfältigen Videoposen, vor allem mit den neueingetroffenen „Germans", dirigieren läßt.

Tagsüber sehen wir, wie er Patienten behandelt: Er fühlt den Puls und fragt nach bestimmten Schmerzen, die der Patient dort und dort haben müsse. „Ah, du hast eine sehr energische Frau, nicht wahr!" erkundigt er sich bei einem Patienten. Der nickt zustimmend... Schwer fällt uns nach einigen Tagen der Abschied von ihm, Sheikh Muḥammad 'Uthmān Sirajuddīn, dem hundertjährigen Heiler aus Kurdistan, der uns Ratschläge zur Gesundheit, jedem ein aus Körnern eines auf dem Grab seines Vaters wachsenden Baumes gefertigtes Tesbih und nichts weniger als seine ganze Liebe gibt: „Ich werde euch nie vergessen."

35. DER PROPHET SHU'AIB

In einer alten Dorfmoschee am östlichen Ufer des Jordans besuchen wir das Grab des Propheten Shu'aib, des Schwiegervaters des Propheten Mūsā, der Friede sei auf ihnen, inmitten eines Soldatenlagers. Schwester Khairiya weiß zu erzählen: „Der Prophet Shu'aib, auf dem der Friede sei, trug den Beinamen Khatib ul-'Anbiyā', ‚Prediger der Propheten' und lebte in Midian. Er lehrte sein Volk und bekämpfte vor allem ihre Unehrlichkeit im Handel, Lüge und Betrug. Doch wie bei vielen Propheten vor ihm war sein Bestreben von geringem Erfolg: Die Mächtigen der Stadt widersetzten sich der Umkehr und planten Krieg gegen die Gläubigen; da schickte Allāh loderndes Feuer in ihre Herzen, erschütterte sie mit einem Erdbeben und bestimmte ihren Untergang..."

Es ist schon die Zeit beginnender Dämmerung, als wir vor das geschlossene Haupttor des scharfbewachten Militärlagers treten. Dort sagt uns ein Soldat, daß wir nicht reindürften. Wir erklären ihm, daß wir Pilger sind, mit der Absicht hier vorbeigefahren, das Grab des Propheten Shu'aib zu besuchen. Ohne eine Miene zu verziehen, entfernt sich der Soldat vom Eingangstor. Und nach kurzer Zeit des Wartens meint Doktor Nasser: „Da kommen wir nie rein", und er schlägt vor, wieder zum Bus zurückzugehen. Salīm ist ganz anderer Meinung. „Sicher leitet der Soldat gerade unsere Bitte an den Kommandeur des Lagers weiter, der gleich kommt, um uns zu begrüßen." Und als er und Nasser nicht einig werden und Nasser zum Aufbruch drängt, beharrt Salīm: „Also, Doktor Nasser, wir wetten jetzt, ganz unislamisch, um... einen Kasten Coca-Cola, daß wir reinkommen." Top, die Wette galt. Tatsächlich wurden wir nach einer kurzen Wartezeit hereingebeten und zum Maqām eskortiert.

Wir machen die rituelle Waschung, gehen zum Grab, bestellen unsere Friedensgrüße und stimmen den *dhikr* an. Der Kommandant des Lagers, eine stämmige Person mit grauen Schläfen, begrüßt die Männer sehr freundlich und läßt uns Tee mit Süßigkeiten servieren, den wir an kleinen Gartentischen in einem gartenähnlichen Gelände zu uns nehmen. Nach dem gemeinsamen Abendgebet verabschieden wir uns. Ein paar Soldaten begleiten uns noch bis zum Bus.

Obwohl schon ganz in der Nähe der Allenby-Brücke, die über den Jordan auf von Israel besetztes Gebiet führt, wollen wir diesen Tag doch noch auf jordanischer Seite bleiben und fahren deshalb zu einem kleinen Ort unterhalb der Berge zurück, den wir schon am Nachmittag besucht hatten, um dort die Nacht zu verbringen. Der Hodja der dortigen Moschee hatte uns dazu eingeladen. Kaum betreten wir seine kleine Moschee, werden wir wiederum von den Leuten sehr gut bewirtet. Sie bringen uns gebackene Auberginen mit Fleisch, Reis, Oliven, Brot, Tee, alles, was das Herz begehrt. Und zum opulenten Frühstück am nächsten Morgen mit reichlichen Mengen an Homs, einer mit Zitrone und Knoblauch angemachten Kichererbsenpaste, die, mit frischem Fladenbrot gelöffelt, ihr herrliches Aroma entfaltet, erschienen auch ganze Gruppen des Dorfes, um uns Gesellschaft zu leisten.

36. QUDS – HIEROSOLYMA

Über einen speziellen Weg geht es mit einem Kleinbus nach Jerusalem. Wir wissen: Ein Eintrag in unsere Pässe würde die spätere Weiterreise nach Syrien unmöglich machen. Deshalb lassen wir uns von jüdischen Behörden Zweitpässe ausstellen. Die jüdischen Grenzbeamten weigern sich, unseren Bruder Nūruddīn, der einen marokkanischen Paß hat, ins Land zu lassen. Er muß erst einmal zurückbleiben. Es herrscht eine eigenartige Stimmung an dem modern ausgebauten Grenzübergang. Und die Selbstverständnis suggerierende Geschäftigkeit jüdischer Grenzbeamten kann nicht darüber hinwegtäuschen, daß hier etwas geschieht, das falsch und häßlich ist. Und irgendwie möchte man glauben, daß du nicht der oder die einzige bist, die diesen Eindruck hat. Ja, die Leute haben ein schlechtes Gewissen! Und der ernste tiefschwarze Blick einer hebräischen Schönheit scheint zu sagen: Wir wissen, daß es nicht recht ist, was hier geschieht, aber was können wir machen.

Die meiste Zeit verbringen wir im muslimischen Teil Jerusalems, Quds, im geheiligten Bezirk auf den Grundmauern des Tempels Salomons, und besuchen täglich den berühmten Felsendom. In seinem Inneren ist ein riesiger Felsblock zu sehen, der schwebend den heiligen Propheten Muḥammad, Allāh segne ihn und schenke ihm Heil, getragen habe, als er zu seiner Himmelsreise, der *mi'raj*, aufgebrochen war. Unser Bruder Muḥammad, der Pünktliche, erzählt, der Felsbrocken habe den heiligen Propheten Muḥammad begleiten wollen, da habe dieser ihm befohlen, zurückzubleiben. In dieser Nacht, so sei in einem alten Buch verzeichnet, habe der jüdische Wächter des Felsendoms bemerkt, daß sich das Osttor nicht schließen ließ. Der Felsen sei zurückgeblieben, jedoch frei in der Luft schwebend. Ungläubige hätten den Felsen rings herum mit Mörtel an den Felswänden befestigt, um dieses Wunder zu verheimlichen. In den schmalen Nischen des Felsens lassen wir uns zum Gebet nieder.

Und wir besuchen die berühmte Al-Aqsar-Moschee, deren Inneres zum Teil von Baugerüsten verdeckt wird. An den Wänden bricht sich farbiges vom Glas schmaler Fenster erzeugtes Licht. Ganz vorne unterhalb der große Kuppel des Hauptschiffs zeigt sich ein beeindruckendes Gebäude in seiner vollen Größe. Die Kellergewölbe der Moschee werden uns zu einer kleinen Besichtigung aufgeschlossen, und wir betreten muffige Katakomben, in denen daran gearbeitet wird, eine früheren Zeiten entstammende Ebene des Tempels aus Bergen von Schutt und Geröll wieder freizulegen. Stolz werden uns dort gefundene sehr alt wirkende Säulen und verschiedenes Gerät gezeigt.

Der ganze heilige Bezirk gleicht einer Plattform, die an verschiedenen Stellen durch Treppen oder gepflasterte Wege zu den Toren hin unterbrochen ist. Zur Seite der Al-Aqsar-Moschee wird sie von einer breiten Mauer umlaufen. Dort gibt es eine Stelle, von der aus wir auf die berühmte Klagemauer hinuntersehen können, vor der Juden ihre rhythmischen Kopfbewegungen machen. Über Treppen und durch Tore hindurch erreichen wir enge Gassen, in denen jüdische Kinder uns „Araber, Araber!“ hinterherschreien. Es berührt uns schon eigenartig, wenn wir Deutsche von Juden so gerufen werden. Ganze Horden Jugendlicher kommen, uns zu sehen.

Orthodoxe Juden hatten unserem Gastgeber gegenüber großes Interesse an uns gezeigt und wissen wollen, was das denn für Leute seien mit den Turbanen, wie sie hießen und wo sie wohnten. „Sie heißen Abū Bakr, ‘Umar, ‘Uthmān, ‘Ālī, Ḥussein, Ḥassan“, so hatte die Antwort gelautet, „und sie wohnen im Hilton“... – Wieder einmal sind wir von einem großzügen Muslim eingeladen, den wir an der Moschee kennengelernt haben. Der Frau des Hauses scheint unser Besuch nicht so recht zu sein, und es sieht aus, als wären sie ziemlich arm und daß es ihnen nicht leichtfallen würde, uns durchzufüttern. Sehr beengt und irgendwie gefangen fühlen wir uns in diesem Haus. Das Fenster erlaubt nur die Sicht auf die gegenüberliegende Hauswand und einen in vielen kleinen Stufen abgesetzten steinernen Fußweg. Einige von uns kaufen für ein gemeinsames Essen ein, damit die große Zahl des überraschenden Besuchs nicht zu schwer ins Gewicht fällt. Wir sind zu etwa sieben Frauen in einem gewölbeartigen Zimmer untergebracht. Vom Flur aus steige ich über eine steile steinerne Treppe aufs flache Dach hinauf und genieße einen weiten Blick über Jerusalem und die Rückfront verwinkelter Häuserreihen in der Nähe, von denen einige schwarze Fahnen tragen.

Wir besuchen auch einige christliche Gedenkstätten. Die Grabeskirche verwirrt uns Besucher mit einer Vielzahl von Gängen, Nischen und Gewölben. Ein schwerer Duft süßlichen Weihrauchs steht in der Luft, unzählige Leuchter hängen an langen Ketten oder Seilen von der Decke, Ikonen, Bildnisse, heilige Utensilien für den Gottesdienst. Doch kommen wir uns hier etwas verloren vor und fühlen uns erleichtert, als wir durch das große Tor wieder ins Freie treten. Wir erfahren, daß das Tor jeden Abend von

Die Klagemauer

einem Muslim, einem Nachfahren Sayyidinā 'Umars, möge Allāh mit ihm zufrieden sein, ab- und morgens wieder aufgeschlossen wird, dessen Familie seit vielen Generationen den Schlüssel zur Grabeskirche bewahrt.

Einmal besuchen wir auf der anderen Seite des Ölbergs auch einen Maqām der heiligen Maria, der Friede sei auf ihr, der unter den Muslimen prophetischer Rang zugesprochen wird. Das ist ein weniger pompös ausgeschmückter Ort, an dem sich viele christliche Nonnen aufhalten, die niederknien und mit gefalteten Händen beten. In über einhundert Koranversen wird der heiligen Maria neben Jesus, der Friede sei auf ihnen, wegen ihrer beispielhaften Reinheit und Tugendhaftigkeit gedacht. Die von Gott vor allen Frauen der Welt Bevorzugte war als erstes Mädchen der Geschichte dem Tempeldienst geweiht worden. Mit paradiesischer Nahrung aufgezogen, soll sie schon als Kind große geistige Reife und Weisheit entwickelt haben, und an ihr wurde das Wunder der jungfräulichen Zeugung und Geburt als Zeichen für diese Welt bewirkt.

Allāh spricht im Heiligen Koran: »Und gedenke auch im Buche der Maria. Da sie sich von ihren Angehörigen an einen Ort gen Aufgang zurückzog und sich vor ihnen verschleierte, da sandten wir unsern Geist zu ihr, und er erschien ihr als vollkommener Mann. Sie sprach: „Siehe, ich nehme meine Zuflucht vor dir zum Erbarmer, so du ihn fürchtest." Er sprach: „Ich bin nur ein Gesandter von deinem Herrn, um dir einen reinen Knaben zu bescheren." Sie sprach: „Woher soll mir ein Knabe werden, wo mich kein Mann berührt hat und ich keine Dirne bin?" Er sprach: „Also sei's! Gesprochen hat dein Herr: ‚Das ist mir ein Leichtes'; und wir wollen ihn zu einem Zeichen für die Menschen machen und einer Barmherzigkeit von uns. Und es ist eine beschlossene Sache." Und so empfing sie ihn und zog sich mit ihm an einen entlegenen Ort zurück. Und es überkamen sie die Wehen an dem Stamm einer Palme. Sie sprach: „O daß ich doch zuvor gestorben und vergessen und verschollen wäre!"« (*Koran*, Maria, 19,16-23)

Wir besuchen auch den Maqām Salmān al-Fārisīs, des Persers, möge Allāh mit ihm zufrieden sein, eines Gefährten des Propheten, Allāh schicke Segen auf ihn und seine Familie und Frieden. Er wird als drittes Glied der Überlieferung der Weisheit des Propheten Muḥammad, Allāh segne ihn und schenke ihm Heil, auch in der Silsila der Naqshbandiyya genannt. Aus einer reichen Familie Isfahāns stammend, war er als wahrhaft gläubiger Mensch und später als geistiger Pol seiner Zeit bekannt. Er wandelte sich vom eifrigen Feueranbeter zum Christen, Juden und schließlich zum Muslim. Als Sklave bei einem Juden in Yathrib, dem alten Medina, begegnete er schließlich dem heiligen Propheten Muḥammad, der Friede sei auf ihm, in dessen Weisheit er nach langen Reisen durch viele Länder und zahlreicher Begegnungen mit den geistigen Lehrern seiner Zeit sein endgültiges Ziel gefunden hatte. *Alḥamdulillāh.*

37. RABIʿA AL-ADAWIYYA

ETWAS AUSSERHALB des Zentrums statten wir der heiligen Rabiʿa al-Adawiyya einen Besuch ab, möge Allāh ihre Seele heiligen. Obwohl wir den Maqām erst spät am Abend erreichen, wird uns freundlich das Gewölbe aufgeschlossen. Viele Stufen geht es nach unten zum Gebetsraum dieser bemerkenswerten Frau, die in der ganzen islamischen Welt berühmt ist. Viele Geschichten ranken sich um die Heilige. Der Wächter des Grabes erzählt: »Nachdem Tod und schwere Armut die Familie Rabiʿas erschüttert hatten, geriet sie an einen Sklavenhändler. Sie versuchte wegzulaufen, stolperte jedoch und verletzte sich. Als sie wußte, daß sie ihre Freiheit verlieren würde, schrie sie auf: „O Gott! Ich bin eine Waise und soll nun versklavt werden – und dazu habe ich noch mein Handgelenk gebrochen. Aber das ist es nicht, worum ich mich sorge. Was ich wissen muß, ist: Bist Du mit mir zufrieden?“ Sofort antwortete eine Stimme: „Mach dir keine Sorgen – am Tag der Auferstehung wird dein Rang so hoch sein, daß selbst die engsten Freunde Gottes dich beneiden werden. In ihrem Leben als Sklavin fand Rabi'a Zeit für ihren Gottesdienst, den sie in schlaflosen Nächten verrichtete. Sie fastete und betete. Eines Nachts erwachte ihr Dienstherr, schaute hinunter auf den Hof und sah Rabi'a im Gebet. Als er sie beobachtete, war er höchst erstaunt zu sehen, wie eine Leuchte über ihrem Kopf erschien, die mitten in der Luft aufgehängt war. Das übernatürliche Licht erhellte das ganze Haus. Erschreckt und erstaunt ging er zurück in sein Bett und saß dort verwundert bis zur Morgendämmerung. Dann rief er Rabi'a zu sich, bekannte, was er gesehen hatte, und gab ihr die Freiheit mit der Möglichkeit, daß sie bei ihm bleiben könne, wenn sie es wollte. Sie bat um Erlaubnis zu gehen, und es wurde ihr gewährt. So verließ sie das Haus und begab sich nach außerhalb der Stadt in die Wüste, um zu beten.«

Einige der Geschichten über Rabi'a, möge Allāh ihre Seele heiligen, haben mit der Pilgerfahrt zur Ka'ba zu tun. War es ihr trotz aller Bemühungen nicht gelungen, dorthin zu gelangen, hatte die Ka'ba schließlich – ein ungeheurer Vorgang! – statt dessen zu ihr kommen müssen. Daß der letzte Schritt auf dem Weg zu Gott nicht vom Mystiker, sondern von Gott Selbst unternommen wird, diese heilige Wahrheit läßt die Herzen der Gläubigen in allen Teilen des Morgen- und auch des Abendlandes erzittern, wenn sie die folgende Geschichte hören:

»Auf der Pilgerfahrt nach Mekka ging Rabi'a in die Wüste und führte einen Esel bei sich, der ihr Gepäck tragen sollte, der Esel aber starb. Leute der Karawane boten an, ihr zu helfen. Statt dessen betete sie zu Gott: „Ist das die Art, wie ein großer König eine schwache, hilflose Frau behandelt, die Er eingeladen hat, Sein Haus zu besuchen!?“ Sofort kehrte der Esel ins Leben zurück, stand auf, und Rabi'a setzte ihre Reise fort. Vierzehn Jahre zuvor hatte Ibrāhīm Ibn Adham sich auf den Weg gemacht, die Ka'ba auf der Pilgerfahrt zu erreichen. An jedem Gottesschrein entlang seines Weges hatte er lange Gebete verrichtet. Als er aber Mekka erreichte, war keine Ka'ba zu sehen. „Was ist das?“ fragte er sich, „bin ich blind geworden?“ „Nein“, antwortete ihm darauf eine Stimme, „du kannst die Ka'ba nicht sehen, denn sie ist hinausgegangen, um eine Frau zu treffen." Brennend vor Eifersucht rannte Ibrāhīm zum Stadtrand Mekkas, bis er auf Rabi'a stieß, die gerade ankam. Er drehte sich um und sah, daß die Ka'ba wieder an ihrem gewohnten Ort war. Da wandte er sich an Rabi'a: „Was ist das für eine Verrücktheit, die du in diese Welt gebracht hast, Frau?" fragte er. „Nicht ich bin der Erfinder dieser Verrücktheit", antwortete sie, „sondern du. Du bist verrückt genug, es dich vierzehn Jahre kosten zu lassen, zur Ka'ba zu gelangen mit deinem rituellen Gebet, während ich, im inneren Gebet, schon längst hier bin."«

Eines ihrer bekannten Gebete hatte gelautet: „O Gott, was immer Du mir an weltlichem Gut zugeteilt hast, gib es Deinen Feinden, und was Du mir an jenseitigem Gut zugedacht hast, gib es Deinen Freunden – Du bist genug für mich." Ein anderes lautet: „O Gott, wenn ich Dich aus Furcht vor der Hölle anbete, so verbrenne mich in der Hölle, und wenn ich Dich in der Hoffnung auf das Paradies anbete, so entziehe es mir; doch wenn ich Dich um Deiner selbst willen anbete, so enthalte mir Deine ewige Schönheit nicht vor."

Māshā'llāh! Jetzt also bin ich im Maqām dieser wunderbaren Frau, und ich stehe in einer kleinen Gebetsnische, bete einige Raqats und denke daran, daß Rabi'a, möge Allāh ihre Seele heiligen, des Nachts tausend Raqats zu beten pflegte.

Wir Frauen saßen in der Nähe des Eingangs der Al-Aqsar-Moschee auf dem Boden, und die Stimmung war auf den Nullpunkt gesunken. Wieder einmal hatten wir uns über die Männer, die Sheikhs aus Almāniyā, geärgert. „Die müssen noch ganz schön üben, bis sie heilig sind", sagte eine der Frauen. „Jetzt haben sie schon wieder etwas Neues vor". „Was denn?" fragte eine andere. „Na, hast du das denn nicht mitbekommen! Sie wollen einen zusätzlichen Besuch Sheikh Jamāl abstatten, und es käme ihnen nicht in den Sinn, uns einmal zu fragen, ob es uns recht ist. Was immer unternommen wird, zu allem müssen wir Ja und Amen sagen und uns vielleicht noch als undankbar beschimpfen lassen, wenn wir es nicht tun."

„Weißt du, was mein Mann zu mir gesagt hat?" warf eine andere Frau ein. „Als ich einmal eine Moschee vor ihm betreten hatte, blaffte er mich an, ob er mich wie einen Hund erziehen müsse, schön bei Fuß zu gehen. Die Frau hätte immer einen halben Schritt hinter ihrem Mann zu gehen, und eine Moschee vor dem Mann zu betreten, sei äußerst schlechtes Benehmen." „Wie reizend und feinfühlig gesagt!" meinte die andere. „Ich sag dir, ich hab die Nase voll von diesen Männern, bei aller Heiligkeit dieses Ortes hier und unserer Pilgerfahrt, das kann ich nicht ertragen." „Ich will nach Hause", sagte eine vierte, „wir sind doch jetzt schon lange genug unterwegs. Wir haben von allem gekostet, haben die heiligsten Orte der muslimischen Welt gesehen. Aber was nützt mir ein Besuch bei noch einem großen Sheikh, noch eine Strapaze – ich kann einfach nichts mehr aufnehmen."

Wir waren uns einig darüber, daß auch einmal Schluß sein muß und unsere Männer sich ruhig daran erinnern sollten, daß zu Hause ihre Arbeit, die Familie, allerlei unbequeme Verpflichtungen auf sie warteten. So gab es einen „Streik" der Frauen. Um einem offenen Streit aus dem Weg zu gehen, entschlossen sich die Männer diesmal, die Frauen darüber abstimmen zu lassen, ob wir der Einladung des Shāḍilī-Sheikhs Muḥammad Jamāl, der uns zuvor in ʿAmmān besucht und auf Exkursionen begleitet hatte, folgen oder gleich weiterfahren sollten. Wir besuchten ihn nicht mehr. Monate später hörten wir, daß er im Zusammenhang des Massakers, das jüdische Militärs auf dem Tempelplatz anrichteten, verhaftet worden war.

Mit zwei gemieteten Kleinbussen fahren wir nach Hebron, wo wir in einem riesigen festungsähnlichen Gebäude die Maqāme Ibrāhīms und seines Sohns Isḥāqs, seines Enkels Yaʿqūbs sowie des Urenkels Yūsufs und ihrer Ehefrauen besuchen, der Friede sei auf ihnen allen. Eine im Boden eingelassene Eisentür läßt tiefste Tiefen unter ihr ahnen. Ein Mann des Maqāms erzählt uns stolz, indem er mit der flachen Hand die Mauer tätschelt, wie alt diese Wände sind.

Palästinenser laden uns zu sich nach Hause zum Abendessen ein. Mit einem halben Dutzend Personenwagen geht es mit ziemlicher Geschwindigkeit in einen Außenbezirk Hebrons. Dort werden wir freundlich empfangen. Und wir beten in einer Gruppe Palästinenser das Abendgebet auf dem Flachdach eines Hauses.

Nach dem Abendessen werden wir gebeten, ein Du'a, ein Bittgebet, für die palästinensische Sache zu sprechen. Der Rauch der heftig qualmenden Männer läßt einige Augen tränen, und unser Emir Burhanuddīn erzählt den erstaunten Gastgebern einiges über das Zigarettenrauchen – Sheikh Nāẓim hatte sogar gesagt, wer raucht, sei innen schwarz – und die Kraft, die ihnen und allen Palästinensern zuwüchse, entschlössen sie sich, der Sunna zu folgen. „Wenn ihr wirklich innerlich und äußerlich den Gepflogenheiten unseres Propheten Muḥammad, der Friede sei auf ihm, folgtet, würden die Juden euch nichts tun können. Statt dessen qualmt ihr den Raum voll, und einige unserer jungen Leute werden sich darüber wundern. Denn es war ihnen gesagt worden, wer nicht einmal so eine relative Kleinigkeit wie das Zigarettenrauchen aufzugeben bereit sei, könne im Islam keinen spirituellen Fortschritt machen." Nachdem unser Übersetzer Doktor Nasser sich geweigert hatte, diese Rede ins Arabische zu übersetzen, wurde sie unseren Gastgebern auf Englisch nahegebracht.

Salim erinnerte daran, daß Sheikh Nāẓim Efendi einem Vertreter der palästinensischen Jugend gegenüber auf Zypern einmal heftig über die Intifada geschimpft und gesagt hatte, daß es unmöglich sei, wenn die Palästinenser ihre Jugendlichen die Juden mit Steinen bewerfen lassen. Sie sollten sich lieber auf die Werte ihrer Religion des Islam besinnen, der Sunna des Propheten folgen, auf dem der Friede sei, sich unter der Leitung des Muftis von Jerusalem in Verbindung mit dem Mufti von Damaskus, dem von Kairo und dem von Amman vereinen und gemeinsam wie Männer auftreten. Dann könnten sie gewinnen. Es sei kein Segen darauf, wenn sie die Jugend schickten, um bloß ein bißchen Sand ins Getriebe zu streuen.

Trotz einiger Bedenken war die Mehrheit unserer Leute davon überzeugt, daß wir in diesem Falle genau das Richtige gesagt hatten.

Am nächsten Morgen entschließen wir uns, diese Gegend nicht zu verlassen, ohne einem der wichtigsten Propheten einen Besuch abgestattet zu haben: Der Maqām Sayyidinā Mūsās, des Propheten Moses, *'alaihi s-salām*, liegt sehr einsam inmitten einer kargen Hügellandschaft. Wir sind froh, daß wir da sind, gehört doch der Prophet Mūsā, der Friede sei auf ihm, zu den „großen" der von Gott Gesandten.

38. SHĀM – DAMASKUS

Die Einreise nach Syrien gelingt fast problemlos. Den Aufenthalt am Grenzübergang nutzen wir zu einer Erfrischung, und eiskalte Cola fließt in Strömen. Unerfreulich nur, daß die Einreiseformalitäten so zeitaufwendig sind. Vielleicht liegt es ja am Zwangsumtausch – für jede Person hundert amerikanische Dollar –, daß uns hier etwas an die Kleinkariertheit des Sozialismus erinnert, den wir von der früheren DDR her kennen. Unnachsichtiger Eingriffe einer mißtrauischen Geheimpolizei wegen besteht bei unseren Freunden, die beim Grab des Großscheichs 'Abdullāh wohnen, eine berechtigte Furcht. Denn Fremde zu beherbergen, ist auffällig und wird von den Sicherheitskräften argwöhnisch beäugt. Ja, man befürchtet Schwierigkeiten, und wir werden im voraus gebeten, uns am Grab nicht über längere Zeit aufzuhalten.

Der erste Maqām, den wir hier besuchen, ist das Grab Muḥyīddīn Ibn al-'Arabīs, das mehr im Stadtinneren liegt. Wir erinnern uns an die Geschichte, wie er wegen seines Ausspruchs „Euer Gott liegt unter meinen Füßen!" – er hatte einen Goldschatz gemeint, der viel später vom osmanischen Sultan Selim gefunden werden sollte – getötet worden war. Eine Prophezeiung hatte gelautet, daß, wenn *sīn* nach *shīn* kommt, das Grab Muḥyīddīns entdeckt werde. *Sīn*, das arabische „s" stand für „Selim" und *shīn*, das arabische

„sh“, stand für „ash-Shām“, dem arabischen Wort für Damaskus. Tatsächlich wurde, als Sultan Selim nach Damaskus kam, das Grab Muḥyīddīns, des „Belebers der Religion“, gefunden.

In der anliegenden Moschee hatten wir uns, von nächtlichen Fahrten völlig übermüdet, schon zum Schlafen niedergelegt, als der Aufseher der Moschee uns mit grellsten Lautsprechertönen weckte, um uns aus der Moschee zu vertreiben. So machen wir uns, durch winkelige Gassen geht es steil hinauf, noch in der Nacht schleppenden Schritts den Jabal Qasiyūn zum Maqām unseres Großsheikhs, ‘Abdullāh Fā’iz ad-Daghistānīs, auf, des vorletzten Gliedes in der Kette der Sheikhs der ehrenwerten Ṭarīqati n-Naqshbandiyya. Sein Nachfolger, Sheikh Muḥammad Nāẓim von Zypern, sagt über diesen Ort, er sei der sicherste der Welt. Wir sind glücklich und stolz, in diesem Raum zu sein, der im Inneren dieselben Abmessungen hat wie die Ka‘ba in Mekka.

Am Vormittag kommt Sheikh Anwar, eine sehr stämmige Erscheinung Mitte dreißig, und bringt uns Tee. Er gehört zu den Wächtern des Maqāms. Und nie zuvor habe ich jemanden so flink den Tee eingießen sehen. Ein großes Tablett mit den im Orient verbreiteten kleinen Teetassen, darüber Sheikh Anwar mit zwei Kannen, eine mit konzentriertem Tee, die andere mit heißem Wasser. Und, ohne abzusetzen, streicht er mit beiden Kannen über die Tassen, fertig. Zucker. Kaum haben wir eine Tasse geleert, kommt schon eine neue mit heißem Tee. Sogar wenn Sheikh Anwar mit dem Tee beschäftigt ist, hat keiner der Brüder eine Chance, ihm die Füße zu küssen, eine Art übermütigen Sports. Geschickt weicht der große Mann allen Angriffen auf seine Füße aus. Es heißt, er wäre Meister verschiedener Kung-Fu-Stile.

39. TEE IST DER HALBE WEG

SPÄTER KOMMEN noch Sheikh ‘Abdussalām und Sheikh Hisham, die mit dessen Bruder Sheikh ‘Adnān und Sheikh Ḥussein Efendi aus Aleppo zu den ältesten Schülern Großsheikh ‘Abdullāhs beziehungsweise Sheikh Nāẓims zählen. Sheikh Hishām hält eine Ṣuḥbat, eine spirituelle Ansprache. „As Grandsheikh used to say, tee is half the way." Wie wichtig zu unrecht für klein gehaltene Dinge sein können! So wie ein Gastgeber den Tee austeilt, so scheint es um die Gastfreundschaft eines ganzen Hauses bestellt zu sein. In Gedanken lasse ich eine Reihe verschiedener unserer Gastgeber mit Blick auf ihr Verhältnis zum Tee Revue passieren. Und danach beurteilt, können wir uns hier in Damaskus auf dem Jabal Qāsiyūn im Maqām Großsheikh 'Abdullāhs wie zu Hause fühlen. *AlḥamduliLlāh.*

Sheikh Hishāms Gesicht hatte geleuchtet, und es war uns so erschienen, als stehe Sheikh Nāẓim selbst vor uns und halte eine flammende Ansprache. *Ṭarīqatunā ṣuḥbat wa khairun min al-jāmī'ā,* heißt die Devise unseres Ordens: „Unsere Ṭarīqat ist *Ṣuḥbat,* und Gutes kommt aus der Gemeinschaft." Und „Ṣuḥbat", oder auf Türkisch „Sohbet", das ist die Gemeinschaft der Schüler mit dem Sheikh. Der Sheikh spricht, die Schüler hören zu, und ein Segen kommt auf die Gemeinschaft. Ein jeder hat den Eindruck, der Sheikh spreche über sein Problem und geradewegs zu ihm. Und jeder Schüler kann auch eine Sohbet halten, und der Segen seiner Ansprache wächst mit der Aufmerksamkeit der Zuhörer. Die Sohbet Sheikh Ḥishāms lautete:

»*Bismillāh.* Im Koran steht: „Gehorche Gott, den Propheten und den Befehlen der Heiligen." Es gibt zwei Arten von Parteien, einmal politische und dann die der Sheikhs. Nur die Sheikhs führen zu Gott. Trinkt Tee, es wird den Schlaf von euch nehmen und euch wach machen. Wenn ihr von Mitternacht bis Fajr wach bleibt und nur sitzt und Tee trinkt, bekommt ihr von Gott die Hälfte dessen, was Er den Betenden gibt. Tee ist ein halber Führer, ist Aktion, ist *murshid.* Es ist ein Auftrag von Maulānā, Tee zu trinken, um wach zu bleiben, frisch zu sein, Tee gibt Schutz für vierundzwanzig Stunden. Großsheikh hat gesagt: „Wer auch immer mein Grab besucht, bekommt Schutz." Sayyidinā Muḥammad, der Friede auf ihm, sagt immer: „Vergebung für meine Leute!" Er hat es gesagt, als er diese Welt verließ, aber auch schon, als er auf die Welt kam und bei seiner Himmelfahrt.

Der Sterbende schwitzt, wenn er Gottes Barmherzigkeit sieht. Unsere Sünden werden von unserem Propheten Muḥammad getragen, der Friede auf ihm. Wir sollen beten für ein langes Leben, damit wir die Zeit von Sayyidinā Maḥdi und Sayyidinā 'Īsā noch erleben, der Friede sei auf ihnen. Wer eine Nacht am Grab des Großsheikhs schläft, dessen Sünden werden in gute Taten umgewandelt. In diesem Jahr waren Sayyidinā Maḥdi, der Friede sei auf ihm, und Maulānā in 'Arafat unter 124.000 Heiligen. Es sind die Erben der 124.000 Propheten, der 7007 Naqshbandiführer, der 313 bedeutendsten Propheten und fünf Qutubs. Das, was auf dieser Ḥajj gegeben wurde, ist mehr als bisher. Wenn Jesus kommt, der Friede sei auf ihm, werdet ihr in der ersten Reihe sein. Wenn jemand dich beschimpft und sagt: „Du bist ein Schwein", und du ärgerst dich nicht, oder er sagt: „Du bist ja wie ein Löwe", und du bist nicht stolz darauf, dann bist du wie ein Heiliger.

Ein Soldat kam eines Tages mit Schwert, Gewehr und Pistole zu einem Heiligen, er war sehr stolz, so ein starker Mann zu sein. Der Heilige forderte ihn auf, sich zu setzen, unterhielt sich mit ihm, bot ihm Tee an und gab ihm dann den Auftrag, auf den Markt zu gehen. Er sagte: „Dort wirst du einen Mann finden, der trägt an einem Stock hängend die Mägen von Schafen. Geh und gib ihm einen tüchtigen Schlag." Der Mann dachte, das ist doch eine Kleinigkeit für mich, ging los, traf diesen Mann mit den Schafsmägen und haute ihm eine runter. Der drehte sich ruhig um, aber in seinen Augen blitzte Ärger. Der Soldat ging wieder zurück und berichtete, was geschehen war. Wiederum wurde er am nächsten Tag auf den Markt geschickt, um einen anderen Mann zu treffen, dem er auch einen Schlag versetzen sollte. Der Soldat tat, wie ihm geheißen, aber er war erstaunt, daß dieser Mann darüber nur lachte. Er eilte zurück und erzählte von seinem Erlebnis. „Nun gehe ein drittes Mal los, du wirst einen Mann finden, der pflügt sein Feld mit einer Kuh und treibt sie an mit einem Stock. Nimm ihm den Stock aus der Hand und versetze ihm damit einen Hieb." Der Soldat traf alles an, wie ihm gesagt wurde, entwendete dem pflügenden Bauern den Stock und schlug ihn. Dabei geschah es, daß der Stock zerbrach und er sich verletzte. Dem geschlagenen Bauer tat es leid, und er entschuldigte sich bei dem Soldaten, daß er ihn durch seine Ungeschicktheit verletzt habe. Der erste Mann war ein Anfänger unter den Naqshbandis, der zweite war schon fortgeschritten wie Sheikh Nasser, unser Bruder hier. „Der dritte", so sagte der Sheikh dem Soldaten, „ist mein *murīd.* Denn er wußte, daß ich ihn geschickt hatte." Der Soldat warf seine Waffen weg und ging in *khulwat.* Ein Murshid kann seine Schüler in vierundzwanzig Stunden sauber zum Propheten schicken. Er muß sauber sein, sonst nimmt der Prophet ihn nicht an. Selbst wenn ihr viel betet, werdet ihr nie wissen, was Maulānā alles für euch tut. Soll ich dir sagen, wie du dein Ego töten kannst? Indem du immer das Gegenteil von dem tust, was dein Ego sagt. Produziere dich nicht vor den Leuten – du bist nichts. Gehe nicht auf den Markt mit dem Tesbih in der Hand. Turban zu tragen und den Kopf zu scheren, ist auch ein Zeichen dessen, der sein Ego bekämpfen will. Jeder von uns ist in Zweiheit erschaffen, die Realität ist bei Gott, wir hier sind nur Bilder. Wenn dein Sheikh sagt, gehe hin und leere den Ozean, tue es, versuche es. Müdigkeit ist kein gutes Ding für die, die zur Naqshbandiyya gehören wollen. Im nächsten Jahr sind große Ereignisse, sie kommen bald, wir müssen um Vergebung bitten. Und wer zuviel mit den Kopf macht, soll wissen: Wenn Du kein Gehirn hast, dann erst bist du ein Heiliger. Man muß seine Eltern respektieren, es gibt einen Hadith, in dem dreimal die Mutter erwähnt wird und einmal der Vater. Gehorche ihnen, handele nach ihrem Gebot und sei ihnen eine Freude. Wir sollen beten, mit Sayyidinā Maḥdis zu sein und die Zeit von Jesus miterleben zu dürfen, der Friede sei auf ihnen. Es muß ein gutes Benehmen zwischen Mann und Frau sein, jeder muß dem anderen geben, was er braucht. Seid demütig. Keiner hat Macht über den anderen. Versuche, das Urteilen zu unterlassen. Jeder muß seine Grenzen erkennen, und jeder muß Respekt vor dem anderen haben. Kinder, Eltern. Jeder hat jemanden über sich. Jeder muß demütig genug sein, die Ansichten des anderen zu akzeptieren, Mann, Frau, Kinder, Eltern. So ist es Gesetz, *shari'a.* Denke nicht, dein Verstand sei der beste. Verstand ist immer der schlechteste Verstand, und mache *sajda.* Iblis, Shaiṭān, war stolz, und Gott warf ihn hinfort, obwohl er so lange Gottesdienst gemacht hatte. Ein langer Bart und Turban, und dann denken, du wärst was. Das Ego ist sehr groß. Du kannst tausend Jahre lang Gottesdienst verrichten, und du wirst hinausgeworfen. Sei sehr vorsichtig, Maulānā gibt dies in mein Herz. Jeder von uns braucht den anderen. Gott hat zur Feder gesagt, schreib einhunderttausendmal „*lā ilāha illā llāh*" und weitere hunderttausend Jahre lang „*muḥammad rasūlullāh*". Das Wort ist mit Gott, und Gott muß mit ihm sein, wenn Er Gott ist. Und Er lehrte den Propheten. Im Koran steht, daß Er es so machte, daß der Prophet den Engel Gabriel nötig hatte. Aber Shaiṭān, Iblis, wollte nicht abhängig sein von Adam. Du mußt auf die Anordnung des Sheikhs warten. Erscheine nicht in Gegenwart deines spirituellen Lehrers, als ob du irgendein Wissen hättest. Wenn du Demut zeigst, ist es besser für dich. Demut ist der Führer. Als Muḥammad, Allāh segne ihn und schenke ihm Heil, die Himmelfahrt machte, kam er, begleitet von Gabriel, an eine Station, wo Gabriel sagte, er könne nicht weiter, ohne zu verbrennen. Rasūlullah Muḥammad, der Friede auf ihm, hatte etwas Angst ohne Gabriel, aber er hörte die Stimme Sayyidinā Abū Bakrs, und da wurde sein Herz wieder ruhig. Sei Frauen gegenüber nicht grausam, sie haben ein leichtes, helles Herz, du hast sie zu respektieren. Neue Muslime aus westlichen Ländern tragen nicht genug Sorge um ihre Frauen und behandeln sie wie Tiere, und wenn sie genug haben von ihnen, gehen sie zur nächsten. Du hast einen Kontrakt, den du nicht brechen darfst. Sheikh weiß Bescheid, und wenn Maulānā dir eine Frau gibt, gib ihr keinen Fußtritt. Lasse nicht deine Gebete aus, alle Gebete werden akzeptiert, auch die der Christen, und jeder, der betet, bekommt mehr Segen, und jeder, der hier betet, bekommt goldene Münzen. Wenn Gott gibt, nimmt Er es nicht wieder zurück. Großsheikh, möge Allāh seine Seele heiligen, sagt, in unserer Zeit heute mußt du sehen, ob es *shari'a* ist oder nicht, unser Wissen ist sehr gering, und wir müssen jemanden finden, der weiß. Wenn du mir Geld borgst, und ich gebe es dir nicht zurück, ist es Unrecht, du mußt es dem Eigner zurückgeben. Gott wird dich sonst in Ketten legen. Du mußt alle Leute so behandeln, wie du dich selbst behandelst. Wenn du vom Ḥajj zurückkommst, kannst du nicht derselbe sein wie vorher. Ihr müßt immer die Grüße überbringen, die euch aufgetragen sind. Wenn du dem Sheikh hundert Mark geben sollst, mußt du es tun und nicht ins eigene Portemonnaie stecken. Wenn euch *dhikr* zu laut ist, könnt ihr aufhören und im Herzen weitermachen, es ist kein Zwang für euch darin. Ihr müßt euch selbst nicht zu Führern machen, es mag sein, daß ihr Vorträge oder Lektionen geben könnt, aber im Herzen seid ihr nichts, ihr dürft nicht stolz sein, weil ihr fünf oder acht Jahre bei ihm seid, es ist euer *nafs*, das sich meldet. Bei Maulānā seid ihr was, aber für euch müßt ihr nichts sein. An den Plätzen, wo *dhikr* gemacht wird, gehen Engel im Kreis hoch, bis sie den Thron Gottes erreichen. Mache einmal die Woche *dhikr*, und es wird aufgeschrieben zu deiner Rechten. Mache *salawāt*, und du wirst mehr Barmherzigkeit auf diesem Weg bekommen.«

40. DIE UMAYYADEN-MOSCHEE

AM NÄCHSTEN TAG siedeln wir in die unweit des Maqāms von Sheikh 'Abdul Ghani An-Nabalsi gelegene Moschee Abū Nūr, „Vater des Lichts", über, deren Hausherr, der Mufti von Damaskus, Aḥmad Kuftaro, uns eingeladen hat. Mehrere Tage lang dient sie uns als Ausgangspunkt zahlreicher Exkursionen in verschiedene Viertel der Stadt Damaskus.

Ein Ziel ist die Umayyaden-Moschee, ein besonderer Ort, wo wir das Grab Yaḥyās, Johannes des Täufers, der Friede sei auf ihm, und den Maqām al-Khiḍrs, des Grünen, *'alaihi s-salām*, besuchen. Letzterer gehört auch zur Silsila der Naqshbandi-Ṭarīqat. Von ihm heißt es, daß er nicht gestorben ist, sondern immer

Maqām Yaḥyās, Johannes des Täufers, in der Umayyaden-Moschee

noch lebt, und schon der Prophet Moses, der Friede sei auf ihm, seine Führung gesucht hatte. Es heißt auch, daß Jesus Christus, der Friede sei auf ihm, wenn er wieder auf die Welt kommt, zuerst in der Umayyaden-Moschee erscheinen wird. Man sagt, in dieser Moschee sei zu jeder Zeit ein Heiliger anwesend.

Ein einzigartiger Ort also, diese Moschee, doch haben wir zur Zeit ganz andere Sorgen. Wir suchen nämlich die Toiletten, um uns frisch zu machen. Dabei finden sich nur Anlagen, die so extrem verschmutzt und verkommen sind, daß es technisch einfach nicht möglich ist, sie überhaupt zu betreten, ohne in knöcheltiefem Dreck zu waten, geschweige denn, sie zu benutzen oder gar sich mit ihrer Hilfe zu reinigen. So kehren mein Mann und ich nach zwei Runden und mehreren Versuchen unverrichteter Dinge wieder in die Moschee zurück. Und auf die Frage von Freunden, wie es ihm gehe, beginnt Sheikh Salīm mit einer ganz eigenartigen Vorstellung. Zuert in normalem Tonfall, dann immer lauter werdend, beklagt er den unwürdigen Zustand der Toilletten, halb auf Englisch halb auf Arabisch steigert er sich zu dem, was wir später „dic Toilettenrede" nannten. Umhüllt von einer immer größer werdenden Menschenmenge tönte er in, wie er mir später gestand, „herrlich gerechtfertigtem, gewissermaßen heiligen" Zorn: „*Lā Toilette: lā wudu! – Lā wudu: lā ṣalāt!*", das heißt, „keine Toiletten: keine Waschung! – Keine Waschung: kein Gebet". Und indem er auf die schönsten Ausschmückungen der Wände zeigte: „*If you cannot use this mosque for praying: What are these Kalligraphies good for?*" „Wenn man diese Moschee nicht zum Gebet benutzen kann, wozu dienen dann diese Kalligraphien hier?" ... „*Who is responsible?*" „Wer ist verantwortlich?", fragte er seine inzwischen noch weiter angeschwollene Zuhörerschar, um nach einer Kunstpause fortzufahren: „*The mudīr is responsible!*" „Der Direktor ist verantwortlich!" „*When Mahdi, 'alaihi s-salām, comes, he will throw him away!!*" „Wenn Mahdi, Friede sei auf ihm, erscheint, wird er ihn hinwegfegen!!" Dann: „Jetzt beschweren wir uns beim Direktor!" „*Now we go to the mudir making complainment!*"

Gefolgt von einem Soldaten der syrischen Armee und wenigen anderen, schritt Sheikh Salīm zum Direktor der Moschee, der ihm versicherte, in drei Tagen würden neue Toiletten eröffnet. Den Rückweg beschrieb er mir so: „Ich kam in der Nähe dieses freundlichen Mannes im mittleren Alter vorbei, den wir schon mehrmals in der Moschee gesehen und von fern gegrüßt hatten. Diesmal aber war seine Freundlichkeit so stark, daß es mich zu ihm hinzog, ihm die Hand zu geben. Er gab mir die Hand *„As-salāmu 'alaikum"* – und in meiner Hand waren zwei Bonbons. Er hatte mir Süßigkeiten gegeben, wie Sheikh Nāẓim Efendi es gelegentlich tut." Einen der gerade erhaltenen Bonbons gab Salīm mir, den anderen behielt er. Und er war sich sicher, daß diese Aufmerksamkeit direkt von unserem Sheikh kam, „...vielleicht als Belohnung für die Toilettenrede".

41. BEIM MUFTI VON DAMASKUS

FOTOTERMIN FÜR DIE MEDIEN bei Sheikh Ahmad Kuftaro, dem Mufti von Damaskus und ganz Syrien, in der Moschee Abū Nūr, „Vater des Lichts". Er lädt uns in seine Koranschule zu einem einjährigen Studium ein. Mit der Geste des charmanten arabischen Politikers und zugleich weisen Geistlichen fragt er großzügig: „Was verlangt Ihr von uns?"

Am Abend drängt es Salīm und mich, die kommende Nacht doch für uns allein zu sein und in einem kleinen Hotel zu verbringen, wie wir es gelegentlich unterwegs gemacht haben. Sheikh 'Abd al-Fatāḥ und seine Frau Halima wollen sich uns anschließen: *„Ilā funduqin ṣarīr, min fadlik"*, zu einem kleinen Hotel, bitte, war Salīms Wunsch gewesen. Und der Taxifahrer hatte uns in einem Stadtteil abgesetzt, der wohl das Vergnügungsviertel war. Eine dralle Frau im ledernen Minirock schien uns mit ihrem Hüftschwung bald vom Gehweg zu kicken. *Astaghfirullāh*, wo waren wir da gelandet?! Und es schien unmöglich zu sein, ein Hotel zu bekommen. Entweder hielten uns extrem überhöhte Dollar-Preise oder die falsche Auskunft ab, das Hotel wäre schon überbelegt. Nach einem guten Dutzend Versuchen hockten wir mehr oder weniger resigniert in einer abgelegenen Straße und beobachteten eine jugendliche Straßengang. Ihr Chef war ein Krüppel mit amputierten Beinen. Sein Oberkörper war auf einem Brett befestigt, das auf der Unterseite ziemlich große Rollen hatte. So rollte er hin und her und lachte, war verschwunden, tauchte wieder auf und war mit allem möglichen beschäftigt. Als Salīm ihn fröhlich ansprach – ihm schienen die Schwierigkeiten beinahe Spaß zu machen –, war auf einmal die ganze Gang um uns versammelt und hörte sich mit großer Aufmerksamkeit unser Problem an. *„Inshā'allāh...“* Zehn Minuten später hatten wir Zimmer in einem kleinen Hotel, nicht überteuert, sogar mit Dusche, *alḥamdulillāh...*

42. DER SULṬĀN DER HEILIGEN

TÄGLICH BESUCHEN WIR den Maqām Großsheikh 'Abdullāhs, möge Allāh seine Seele heiligen, diesen besonderen Ort. Stunden um Stunden sitzen wir auf dem Boden des Maqāms in der Nähe des Grabkastens, der mit einem grünen bestickten Grabtuch bedeckt ist und nach verschiedenen schweren Parfüms duftet. Um den Grabkasten herum befindet sich ein geschlossenes dünnes Holzgitter. Wir lagern uns darum herum, setzen uns unten hin oder auf die Empore und beten. Dies also ist der Maqām des Sultans der Heiligen, unseres Großsheikhs! Doch wer ist das überhaupt? Wer immer etwas über unseren Orden wissen will, sollte dieser Frage nachgehen.

Großsheikh 'Abdullāh ist der Neffe Sheikh Sharafuddīns, des 38. Sheikhs in der Silsila der Ṭarīqat. Sheikh Sharafuddīn hatte, noch bevor 'Abdullāh geboren wurde, der Mutter gesagt: „Der Sohn, den du erwartest, trägt keinen Schleier auf seinem Herzen. Er wird fähig sein, vergangene und zukünftige Ereignisse zu sehen, er gehört zu denen, die die Inschrift auf der bewahrten Tafel lesen können, und ist dazu bestimmt, Sultan der Heiligen, *sulṭān al-auliyā'* seiner Zeit zu sein. Er ist ausgezeichnet unter den Heiligen als „Führer der Gemeinschaft Muḥammads", der Friede sei auf ihm. Und er wird ein Geheimnis erben, das in dem Prophetenwort enthalten ist: ‚Ich habe ein Gesicht meinem Herrn zugewandt, und eines den Geschöpfen. Ich habe eine Stunde mit den Geschöpfen und eine mit Gott.' – Wenn du ihn zur Welt bringst, nenne ihn 'Abdullāh, denn er wird das Geheimnis der geistigen Dienerschaft tragen. Er wird den Orden über die arabischen Länder und darüber hinaus ausbreiten, sein Nachfolger wird den Orden in die Länder des Fernen Ostens und des Westens bringen. Achte gut auf ihn, und wenn er acht Jahre alt ist, führe ihn zu mir, denn ich werde mich um seine Erziehung kümmern." So hatte Sheikh Sharafuddīn zu ihr gesprochen.

Er wurde genau am Geburtstag des Propheten, am 12. *Rabī' al-Awwal*, geboren, und seine Mutter hieß Āmina wie die Mutter des Propheten, der Friede sei auf ihm. Als die Niederkunft nahte, war es gegen Mitternacht, und die junge Frau war allein. Ihr Ehemann war beschäftigt, ihr Bruder ebenfalls. Während sie niederkam, hatte sie eine Vision, in der sie zwei Frauen zu sich kommen sah. Die eine war Rābi'a al-'Adawiyya, die andere war Assia, die Frau des Pharao, die Moses aufgenommen hatte. Diese beiden Frauen waren ihr behilflich, und als sich der Moment der Niederkunft näherte, verschwand die Vision, und ihr Ehemann kam, um ihr zu helfen.

Das Kind sprach im Alter von sieben Monaten, indem es sich deutlich verständlich machte. Im Alter von drei Jahren hatte der Knabe die Gewohnheit, den Besuchern des Hauses die Zukunft vorauszusagen, er nannte sie bei ihren Namen, ohne sie vorher genannt bekommen zu haben. Im Alter von sieben Jahren begann er mit dem Koranstudium, setzte sich neben seinen Onkel und antwortete auf Fragen, die Leute ihm stellten. Er gab deutliche Antworten zu Fragen der Rechtsprechung oder des religiösen Gesetzes mit Verweisen auf den Koran und die Traditionen, ohne sie studiert zu haben. Dieser Vorgang zog sehr viele Besucher an, die beständig das Haus belegten und herbeigekommen waren, um dem Kind Fragen zu ihren persönlichen Problemen zu stellen. Er war im Alter von sieben Jahren so bekannt geworden, daß niemand im Dorf sich verheiraten wollte, ohne ihn vorher zu fragen, ob die Ehe auch glücklich würde. Sein Onkel Sharafuddīn nahm ihn in eine harte Schule und verheiratete ihn im Alter von fünfzehn Jahren. Sechs Monate nach seiner Heirat befahl er ihm fünf Jahre spirituellen Rückzugs. Sheikh ʻAbdullāh erzählte später: „Ich bin in diesen spirituellen Rückzug mit dem Auftrag eingetreten, täglich sechs Duschen kalten Wassers zu nehmen, sieben bis fünfzehn Teile, *juz'*, aus dem Koran zu rezitieren, einhundertvierzigtausendmal den Namen Allāhs zu wiederholen und achtzigtausendmal Segenswünsche auf den Propheten zu sprechen, der Friede sei auf ihm. Dieses zusätzlich zu den gewöhnlichen Riten. Ich war in einer Höhle im Gebirge inmitten von Wäldern. Eine Person war beauftragt, mir jeden Tag sieben Oliven und zwei Stücke Brot zu bringen. Als ich aus meinem spirituellen Rückzug herauskam, wog ich fünfzig Kilo! Das, was mir durch Erlebnisse und in Visionen aufgedeckt wurde, kann nicht in Worten ausgedrückt werden. Ich schlief sehr wenig, und tatsächlich hatte ich kaum Bedarf an Schlaf, derart stark war die himmlische Unterstützung. Einmal erblickte ich in einer Vision den Propheten, der Friede sei auf ihm, der in der Höhle des Berges Hira Rückzug übte. Während vierzig Tagen blieb ich hinter ihm, ohne zu schlafen..." Bei seiner Rückkehr von der Khulwat in die Welt war Sheikh ʻAbdullāh gerade zwanzig Jahre alt und wurde, kaum daß er zwei Wochen bei seiner Familie verbracht hatte, zum Militär einberufen und den im Krieg befindlichen Dardanellen-Truppen zugeteilt. Nach einem Schuß knapp neben dem Herzen wurde er für tot gehalten. Er blieb während sieben Tagen in diesem Zustand zwischen Leben und Tod und sah in dieser Zeit den Propheten Muḥammad, auf dem der Friede sei, der zu ihm sagte: „O mein Sohn, es war dir bestimmt, zu sterben, aber wir brauchen dich auf dieser Erde in deinem spirituellen und physischen Körper..." Sheikh ʻAbdullāh erzählte später, daß er gefühlt hatte, wie seine Seele den Körper Zelle für Zelle verließ und er alle Etappen des normalen Sterbens

Großsheikh *sulṭān al-auliyā'* 'Abdullāh Fā'iz ad-Daghistānī

bis zu dem Punkt erlebte, da er den Todesengel sah. Er berichtete auch, wie der Prophet ihn durch die sieben Himmel zur Station der Wahrheit geführt hatte, wo er alle Propheten und Heiligen traf.

Großsheikh 'Abdullāh setzte die spirituelle Ausbildung unter der Obhut seines Onkels Sheikh Sharafuddīn fort, der von ihm behauptete: „Die spirituelle Station, die er erreicht hat, hat niemand sonst vor ihm jemals erreicht." An die hundert Schüler kamen täglich in das Zentrum Sheikh Sharafuddīns in Rakhidia, wo Sheikh 'Abdullāh ihm gewöhnlich diente.

Eines Tages war auch Georg Iwanowitsch Gurdjieff dort erschienen, der gerade aus dem Rußland der bolschewikischen Revolution geflohen war. Sheikh Sharafuddīn beauftragte Sheikh 'Abdullāh, Gurdjieff zu empfangen. Dieser war am Wissen über die „neun Punkte" interessiert gewesen, und 'Abdullāh hatte ihm versprochen, nach dem Morgengebet darüber zu reden. Als er nach dem Morgengebet die Sure *Ya Sin* rezitierte, wurde Gurdjieff das erstrebte Wissen durch eine Vision vermittelt, und Großsheikh erklärte ihm, daß die „neun Punkte" durch neun Heilige vertreten werden, die die höchste Stufe in der Göttlichen Gegenwart erlangt haben. Sie seien die Schlüssel zu unbeschreiblichen Kräften, die im Menschen ruhen. Es gebe aber zur Zeit keine Erlaubnis, von ihnen Gebrauch zu machen. Es sei dies ein Geheimnis, das sich erst in der Zeit der Letzten Tage öffne. Er sagte: „Dieses Treffen ist gesegnet, aber bewahrt es in Eurem Herzen, und bringt es nicht unter die Leute." Gurdjieff hielt sich jedoch nicht an diese Auflage Großsheik 'Abdullāhs, möge Allāh sein Geheimnis heiligen, das Geheimnis bedeckt zu halten, und, indem er die Lehre ohne Erlaubnis verbreitete, schnitt er sich von der Kette der Überlieferung und ihren Kräften ab...

Das Haus mit dem Grab des Großsheikhs liegt auf dem Jabal Qāsiyūn, jenem Berg, auf dessen Spitze die Maqāms der Vierzig Heiligen zu finden sind, der „Arba'īn". Eines Nachmittags stiegen wir hinauf und hatten einen weiten Blick über die Stadt, die Altstadt vom neuen Teil geschieden. Zur Gebetszeit hören wir hier oben Adhāne aus verschiedenen Teilen der Stadt leise sich überlappen und wieder neu ertönen. Jabal Qāsiyūn, ein kahler Berg mit viel Geröll, hat seine Bedeutung als „schreiender Berg". Denn er soll, als Kain Abel erschlug, seinen Mund zum Schrei geöffnet und Tränen geweint haben. In der „Höhle des Blutes" sehen wir aus zwei kleinen Öffnungen im Fels Wasser tropfen. Dies ist der Ort, wo Adam seinen erschlagenen Sohn gefunden hatte. Und der Berg wird um ihn weinen bis zum Tag der Auferstehung.

Es gibt zwei Steine, die gegen die Kinder Adams Zeugnis ablegen: den Schwarzen Stein der Ka'ba, den *Ḥajaru l-Aswad*, und den Stein der Höhle des Blutes, *Magharatu d-Dam.*

43. SHEIKH ḤUSSEIN VON ALEPPO

Sheikh Hishām teilt uns mit, wir würden bereits auf Zypern erwartet. So verlassen wir die Stadt Damaskus am nächsten Tag und fahren weiter in Richtung Aleppo. Unterwegs in Ḥums besuchen wir das Grab von Sayyidinā Khālid ibn Walīd, der den Beinamen Saifullāh, „Schwert Gottes", trägt, möge Allāh mit ihm zufrieden sein, fahren durch Hama mit seinen berühmten Nawair, den alten Wasserrädern, und in Aleppo am Maqām Sayyidinā Zakharias', des Propheten Zacharias, vorbei, auf dem der Friede sei. Nur wenige haben dies mitbekommen. Es lag eine schläfrige Zufriedenheit auf der Busgemeinschaft. So eine weite Reise – wir sind wohl über zwei Monate unterwegs – strengt an. Wir freuen uns alle sehr auf Zypern, wo Sheikh Nāẓim wohnt. Der Ort Lefke ist uns vertraut, die meisten waren schon mehrmals dort gewesen, um unseren Sheikh zu besuchen. Dort würden wir uns wie zu Hause fühlen und uns mal so richtig ausruhen können. Doch vorher wollen wir noch zu Sheikh Ḥussein Efendi aus Afrin, einem Dorf, das nicht weit von Aleppo entfernt liegt.

Wir trafen fastend zum Maghreb des 10. Muḥarrams in Afrin bei Aleppo ein und warteten einige Stunden auf Sheikh Ḥussein Efendi, den wir bisher nur aus der Erzählung kannten. Hungrig und durstig waren wir im Magen und im Herzen. Sheikh Ḥussein al-'Alī war ein Schüler sogar schon Sheikh Sharafuddīns gewesen und später Großsheikh 'Abdullāh ad-Daghistānīs, welcher gesagt hatte: „Ich habe nur zwei Schüler, Nāẓim und Ḥussein Efendi." Sheikh Ḥussein gehört zu den 7007 Naqshbandī Sheikhs, von denen es heißt, daß zwischen ihnen und ihrem Herrn keine Schleier sind. Sheikh Ḥussein fragte uns väterlich und lächelnd: Wollt ihr nicht schlafen und euch ausruhen?! Wer will, kann sich ausruhen, wer will, kann uns zuhören – und begann mit einer Ṣuḥbat:

»Im Monat Muḥarram fastete der großartigste Prophet Muḥammad, Friede und Segen seien mit ihm, den 10. Tag. Der Prophet sprach: „Meine Sunna ist die Sunna der Juden, welche am 10. Muḥarram auch fasteten. Pharao war am 10. Muḥarram ertränkt worden. Allāh segnete die meisten Propheten am 10. Muḥarram. Er erschuf Sayyidinā Adam, Friede sei mit ihm, am 10. Muḥarram. Idrīs, Hennoch, Friede auf ihm, machte seine Himmelfahrt am 10. Muḥarram. Allen Propheten wurden ihre Bitten am 10. Muḥarram erfüllt. Großer Segen liegt auf dem 10. Muḥarram. So befahl der Prophet Muḥammad, Friede und Segen seien auf ihm, den 10. Muḥarram zu fasten, und sprach: ‚Wenn ihr meine Sunna befolgt, dann befolgt nicht die Sunna der Juden, denn wir fasten zwei Tage und sie nur einen.' Am 14. Muḥarram wurde Shah Naqshband geboren, der Murschid des erhabenen Naqshbandi-Ordens und Führer aller Ṭuruq, Orden. Deshalb gab der Prophet Muḥammad, Allāh segne ihn, ihm den Namen *Shah al-kull*, ‚Führer aller'. Bald ist der 14. Muḥarram, dann werden *insha'allāh* viele Brüder hierherkommen, um mit uns das Fest des Geburtstags von Shah Naqshband zu feiern. So viel Segen liegt auf diesem Monat. Allāh hat euch hierhergeführt, das ist eine große Ehre und ein Segen für uns."

Sheikh Ḥussein fragte uns liebevoll und väterlich: „Wollt ihr schlafen, weil ihr müde seid, oder wollt ihr weiterhören?" Emir Burhanuddīn antwortete: „Wir wollen zuhören, schlafen können wir im Grabe." Sheikh Ḥussein lächelte und sprach: „Ein

Dichter sagte: ‚*An-naum khalīlu l-maut* – der Schlaf ist der Freund des Todes.‘ Allāh sprach aber im Heiligen Koran: ‚Und Wir machten euren Schlaf zur Ruhe.‘ Im Schlaf kann sich der Körper ausruhen. Ich habe einmal einen Arzt gefragt: ‚Warum schlafen die Menschen, und was geht aus ihrem Körper hinaus, so daß sie schlafen?‘ Wer zwei Tage lang nicht schläft, wird verrückt. Verläßt dich die Seele, bist du tot. Schläft im Traum das Nafs, kann die Seele aus unserem Körper hinaus- und irgendwohin gehen, sogar nach Medina, ihre Bewohner seien aufs beste und vollkommenste gesegnet. Es geht etwas aus dem Körper hinaus, sicherlich. Das ist ein Geheimnis von Allāh *subhānahu wa ta-ʿāla*. Der Prophet, der Friede sei auf ihm, sprach: ‚*An-naum akhu l-maut*, der Schlaf ist der Bruder des Todes.‘ Ohne Schlaf kann der Mensch nicht existieren.

Ein Bruder beugt sich in Richtung auf Doktor Nasser, der die ganze Zeit aus dem Arabischen übersetzt, und sagt: ‚Er ist auch Arzt‘, und klopft ihm auf die Schulter. Sheikh Ḥussein lächelt. „Wer sich von Dingen fernhält, die Allāh verboten hat, ist Arzt. Es gibt Ärzte für Seelisches und Ärzte für Körperliches. Der Arzt der Seele beschäftigt sich mehr mit dem Jenseits als mit dem Diesseits. Die Welt erniedrigt und vergeht. Das Jenseits ist besser für den, der gottesfürchtig ist. Die Welt ist ein Spiel und Zeitvertreib. Allāh hat die Geschöpfe nicht für diese Welt erschaffen.“«

44. DIE FARBE DES WINDES

SHEIKH ḤUSSEIN SPRACH WEITER. »Wer Allāh in seinem Herzen erfahren hat, ist von dieser Welt befreit und geschützt. Ein Mönch fragte einmal einen Sheikh: „Du sagst, es gibt Gott. Wenn es Gott gibt, muß ihn jemand gesehen haben.“ Der Sheikh erwiderte: „Den Wind, gibt es ihn?“ Der Mönch: „Ja.“ Der Sheikh: „Und wie sieht er aus? Zeige mir die Farbe des Windes, und ich zeige dir Allāh.“ Und er fragte: „Gibt es eine Seele in deinem Körper?“ Der Mönch antwortete: „Ja, es gibt eine Seele.“ „Zeige mir die Seele und wo sie sitzt. Zeige mir den

Verstand." Mönch: „Ich kann es dir nicht zeigen, Sheikh." „Ja, wenn du den Verstand nicht zeigen und deine Seele nicht sehen kannst, wie willst du Allāh dann sehen können!" *Man 'arafa' nafsahu fāqat 'arafa rabbahu*, wer sich selbst erkennt, erkennt seinen Herrn. Wer sich selbst nicht erkennt, erkennt nicht seinen Herrn. Es gibt einen Hadith: „Wer sich selbst erkennt, der hat Mich erkannt. Wer Mich erkannt hat, hat Mich gewollt. Wer Mich gewollt hat, der hat Mich gefunden. Wer Mich gefunden hat, hat mehr erreicht, als er wollte." Auf dieser Stufe des Verständnisses öffnet Allāh seine großen Geheimnisse. Die Dunkelheit der Sünden verdeckt das Licht des Herzens, und sie können Ihn, Allāh, nicht sehen, wie das Licht des Mondes durch Wolken verdeckt wird. Ein Kämpfer im Einsatz für Allāh versucht, dieses Licht zu sehen. Ein Kämpfer, der sich selbst den Krieg erklärt hat, ist besser als ein Kämpfer auf dem Schlachtfeld. Wer sich der Tür Allāhs nähert, wird sie offen finden. Diese Tür ist allen offen, die dorthin wollen. Denen, die gottesfürchtig sind, wird Allāhu *ta'āla* Ehre schenken und ihnen den Weg zu sich ebnen, ohne daß sie es bemerkten.«

Sheikh Ḥussein Efendi fragt, ob wir müde sind oder weiter zuhören wollen. Es sind noch zwei Stunden bis Fajr. Er zeigt auf den Kassettenrecorder: „Er nimmt, was im Herzen ist, auf. Jedes Wissen, Medizin, Handwerk, wird im Herzen gespeichert.

»Ein Ḥadīth Qudsi sagt: „Das Herz eines Gläubigen ist das Haus des Herren." Abū Yazīd al-Bisṭāmī Ṣulṭan al-'Ārifīn, einer unserer Sheikhs des Naqshbandī-Ordens, sagte einmal während eines Treffens: „Bei Allāh, mein Thron ist größer als der Thron Allāhs." Diese Folgerung hatte er aus dem Wort Allāhs gezogen, wonach Ihn nichts auf der Welt umfasse als das Herz eines Gläubigen." Deshalb stand für Abū Yazīd fest: „Mein Reich ist größer als das Reich Allāhs." Was bedeutet dieses *mulku li-llāh*? Das Königreich gehört Allāh. Allāh ist mein Königreich. Allāh braucht mich. Für wen denn hat Allāh Paradies und Hölle erschaffen? Für uns, aber wir wollen nicht ins Paradies. Allāh liebt unseren Dienst, und er hat uns Wohltat bereitet. Ein Durstiger

Gruppenphoto der deutschen Muslimas mit Frauen und Kindern Sheikh Ḥusseins

wird sich nach Wasser sehnen, ein Hungernder nach Essen, einer, der Gottes entbehrt, wird sich nach Allāh sehnen, wer den Propheten entbehrt, sehnt sich nach ihm, ein nach dem Sheikh Verlangender nach dem Sheikh.

Ein Schüler bat seinen Sheikh: „Gib mir das Geheimnis, Sayyidinā Khiḍr im Traum zu sehen." Der Sheikh wies ihn an: „Wenn du Essen kochst, nimm mehr Salz hinein. Trink kein Wasser und schlafe durstig, dann wirst du Khiḍr im Traum sehen." Der Schüler schlief durstig und sah im Traum nur Wasser, Sayyidinā Khiḍr aber sah er nicht. Am Morgen ging er zum Meister und sprach: „O mein Meister, ich habe meinen Körper verbrannt und Sayyidinā Khiḍr nicht gesehen. Der Meister erwiderte: „Du hast Sayyidinā Khiḍr nicht gesehen?" Der Schüler: „Nein, nur Wasser." Der Meister: „Weil dein Herz durstig war, hast du Wasser gesehen. Wenn dein Herz auf Allāh aus ist, wirst du Allāh sehen, wenn es sich nach dem großartigen Propheten sehnt, wirst du den Propheten sehen. Und wenn nach dem Sheikh, wirst du den Sheikh sehen. Eine türkische Redewendung lautet: „Es gibt im Herzen viel Schmutz, und Licht kommt nicht hinein." Reinige dein Herz, und Licht kommt, Liebe kommt, Verzückung kommt, Aufrichtigkeit kommt. An jedem Tag vermehrt sich im Gedenken Allāhs die Liebe. So spricht Er im Koran: „Siehe, nur das sind Gläubige, deren Herzen, wenn der Name Allāhs genannt wird, in Furcht erbeben und deren Glauben wächst." Allāh spricht: „Im Gedenken Allāhs werden sich die Herzen beruhigen." Jede Krankheit hat ihr Heilmittel. Heilmittel für das Herz ist, Allāhs zu gedenken, *dhikru llāh* zu üben. „Gedenkt Meiner im Bittgebet, Ich werde eurer in seiner Erfüllung gedenken. Gedenket Meiner in Reue, so werde Ich eurer in Vergebung gedenken. Gedenkt Meiner im Fragen, ich werde eurer in der Antwort gedenken. Gedenket Meiner im Gottesdienst, und ich werde euer in Gnade gedenken."

Allāh sprach: „Jede Partei ist mit dem, was sie besitzt, glücklich." Jede Gemeinschaft ist mit der gleichen Gemeinschaft glücklich. Herzlich willkommen seid ihr. Ihr seid herzlich willkommen! Unser Sheikh Großsheikh 'Abdullāh sprach Türkisch, wir haben es ins Arabische übersetzt oder ins Kurdische. Deutsch können wir nicht. Unsere Sprache ist schwierig für Euch, und Deutsch ist schwierig für uns. Es gibt keine Erlaubnis sie zu erlernen. Wenn es Erlaubnis geben würde, hätten wir mit den Ohren, Augen und der Zunge gelernt. Heilige kennen alle Sprachen, wenn sie Erlaubnis erhalten – auch die Sprache der Tiere. Allāh sprach: „Wenn Ich den Diener liebe, war ich sein Ohr, sein Auge und seine Zunge, seine Hand und sein Fuß." In diesem Zeitalter gibt der Prophet keine Erlaubnis, die Sprache der Tiere zu sprechen. Wir bitten Allāh um Erlaubnis, diese Tür zu öffnen. Wenn die Sonne scheint, brauchen wir kein anderes Licht. Wir warten auf Erlaubnis, und Allāh spricht: „Gekommen ist die Warheit und vergangen das Nichtige. Siehe, das Nichtige ist vergänglich." Alle warten auf das Erscheinen Sayyidinā Maḥdis und das Hinabsteigen Sayyidinā 'Īsās, Friede sei auf ihnen beiden...«

Zu den Mahlzeiten sitzen wir dichtgedrängt, und immer wieder wird erzählt. Und obwohl Sheikh Ḥussein es gerne gesehen hätte, wenn wir noch eine knappe Woche bis zum Fest des Geburtstags Shah Naqshbands bei ihm geblieben wären, war der Wunsch der Mehrheit von uns so groß, daß wir doch schon bald nach Zypern aufbrachen. Gut zweieinhalb Monate lang waren wir nun unterwegs, ein Teil war schon von Jordanien aus zurückgeflogen, und wir waren alle darauf aus, bald nach Hause zu kommen, aber zuerst noch nach Zypern zu Maulānā Efendi.

Unterwegs haben wir noch anderthalb Tage Aufenthalt in der Hafenstadt Silifke, in deren Moschee wir uns auf Zypern vorbereiten, Wäsche waschen konnten. Als eine Desinfektionsmaschine unseren Stadtteil mit einem chemischen Mittel einsprüht, fliehen wir ins Haus. In der Stadt findet eine Art Volksfest statt, dem ein Markt angeschlossen ist. Am nächsten Tag besteigen wir die Fähre nach Zypern. Der wieder einmal reparaturbedürftige Bus bleibt auf dem Festland.

46. SHEIKH NĀẒIM EFENDI

WENIGE TAGE SPÄTER findet die Reise dann auf Zypern ihre Abrundung und einen letzten Höhepunkt, die Papiere ihren Abschluß-„Stempel“, die Herzen ihren „*naqsh*“. Der letzte Sheikh, den wir auf unserem Ḥajj besuchen, ist der gegenwärtige Sheikh unserer Ṭarīqat, Muḥammad Nāẓim ʿĀdil al-Ḥaqqānī an-Naqshband. Seit unserer ersten Reise nach Zypern zu unserem Scheich, möge Allāh mit ihm zufrieden sein, versuchen wir, seine Schüler zu werden. Doch sind wir schwach und wenden uns deshalb, wo wir auch sein mögen, an ihn mit den Worten: „O mein Sheikh, ich möchte mit dir sein. Du bist mit mir. Aber ich bin nicht mit dir. Ich will versuchen, mit dir zu sein.“ Unser Sheikh hat sich selbst als jemanden bezeichnet, der nur „ganz am Ende einer langen Karawane von Gesandten, Propheten und Heiligen diesen nachfolgt“ und so reisend versucht, ihrem guten Beispiel zu folgen. Wahre Schätze verteilt er dabei unter die, die bereit sind, sie entgegenzunehmen.

Er läßt sich unsere Reise haargenau erzählen, obwohl es so scheint, als wäre ihm alles schon wohlbekannt. „Ich weiß“, sagt er verständnisvoll, „Ihr seid gekommen, um euch zu verabschieden“. Er läßt uns jedoch nicht sofort weiterfahren, sondern behält uns noch einige Tage in Lefke. Auch hatte unser Bus auf dem Festland einmal mehr repariert werden müssen. Salīm und ich fanden oberhalb des Dorfes im Hause des deutschen Bruders Jamāluddīn, der Sheikh Efendi fast immer begleitete und gut Türkisch spricht, eine äußerst bequeme Unterkunft. So konnten Salīm und Jamāluddīn ihrer speziellen Leidenschaft fröhnen, starken und stark gesüßten türkischen Kaffee zu schlürfen, und ausgiebig alle Neuigkeiten austauschen.

Doch auch der Aufenthalt in Lefke, der über eine Woche dauert – einige Mitreisenden werden zu Hause schon dringend erwartet oder bilden es sich zumindest heftig ein –, erweist sich als Balsam für einen unruhigen Geist, der sicherlich einige Zeit brauchen wird, die Reise nach Mekka zu verdauen, und nun von einem unruhigen Körper wieder schnell hinweggebracht werden soll, weit fort vom Ort spirituellen Geschehens, in die Dunya. Sie fordert uns auf, schnell zu kommen, und wir wollen gerne gehen. Monate später werden wir überrascht entdecken, welche Reichtümer uns da zugesteckt wurden und wie die Edelsteine unserer Erfahrung durch unseren Abschlußbesuch erst Glanz und Schliff erhielten.

Hier, einige von uns waren schon einige Male auf Zypern zu Besuch im Hause Sheikh Efendis gewesen, der die zahlreichen Besucher gelegentlich mit einem lächelnden „Welcome!“ und einem deutschen „Wie geht's?“ empfängt, fühlen wir uns wohl, denn in der Nähe dieses Menschen scheint alles, Weltliches und Geistiges, seinen rechten Platz zu haben. Für wichtig gehaltene Probleme, die kurz zuvor noch das Herz beschwert haben, lösen sich hier wie von selber auf. Und einige von uns, die ihre Sache vor Antritt der Reise nicht gut in Ordnung gebracht hatten, von schlechtem Gewissen bedrängt wurden und sich weit weg zu sein gewünscht haben, fühlen sich nun sehr erleichtert.

47. VERSCHWENDET NICHT!

IN DEN FOLGENDEN TAGEN suchen wir, so es nur möglich ist, die Nähe des Sheikhs und versuchen auch, alle Gebete mit ihm gemeinsam zu verrichten. Zu diesem Zweck sitzen wir stundenlang bei ihm im Garten herum, wir Frauen auf der Frauenseite, die Männer auf der Männerseite seines Hauses. Länger als drei Tage die strategisch günstige Ausgangsposition zu Sheikh Nāẓim auszunutzen, wäre aber übertrieben, und wir ziehen uns ins Gästehaus zurück, wo sich Leute aller Herren Länder mit großen und kleinen Problemen tummeln, für die meisten eine Herausforderung an Geduld und ein Frontalangriff auf das eigene Ego. Es gilt, sich untereinander so zu arrangieren, daß eine annehmbare Besetzung der Zimmer zustandekommt, für Essen und Trinken gesorgt ist und natürlich gekocht wird, bei damals ständig wechselnder Küchenbesetzung und einer täglich neuen Zusammensetzung der Gäste kein leichtes Unterfangen.

Sheikh kommt einmal vorbei und schimpft, daß einige Nahrungsmittel verdorben sind, bei so vielen Leuten – und die Reste werden nicht aufgegessen, und die Küche ist schmutzig. Und er ermahnt uns: „Don´t waste!“ „Verschwendet nicht!“ Die Katzen bekommen den angegorenen Reis zu fressen. Er schimpft auch darüber, daß einige durchaus noch brauchbare Möbel nach draußen gestellt worden sind und dort verrotten. Er haßt es, wenn Gegenstände, die noch verwendet werden können, einfach weggeworfen werden.

„Das ist ein gutes Stück“, sagt er, und zieht einen großen alten Teppich wieder herein, der an einigen Stellen ganz dünn und abgewetzt ist. Einige Frauen erhalten den Auftrag, die guten Teile herauszuschneiden, in Bettlakenstoff einzunähen und die neu entstandenen Stücke wieder zusammenzusetzen. Eine Schwester fragt mich, ob ich an diesem Patchwork mithelfen möchte. Klar möchte ich, denn bloßes Warten – und auf was überhaupt? – macht mich ganz verrückt.

Bei der ersten großen Zusammenkunft am Samstag, den vierten August, spricht er über „Nahrung“. Wie unser Körper des Essens bedarf, bedürften wir ebenso „spiritueller Nahrung“, um uns fortzuentwickeln. Sayyidinā Muḥammad, der Friede sei auf ihm und seiner Familie und Segen, habe uns dazu unverwechselbare und unveränderliche Wege gezeigt, wie auch die Propheten vor ihm in einer langen Reihe der Vermittlung göttlichen Wissens jeweils besondere Methoden weitergegeben haben, die ausschließlich für ihre Zeit galten. Wer sich einem Sheikh, einem Meister auf dem spirituellen Weg, anschließt, sei jederzeit und überall vor Dingen geschützt, die da kommen werden, und dazu befähigt, Hindernisse zu überwinden. Die Anrufung seines Sheikhs, der selbst mit seinem Sheikh und dieser mit seinen Vorgängern verbunden ist, führe schließlich zu einer Verbindung mit Sayyidunā Muḥammad, der Friede sei auf ihm und seiner

Familie und Segen, und bringe Hilfe. Und für die Gemeinschaft der Heiligen, *auliyā'*, sei es ein Leichtes, auch noch so groß erscheinende Hindernisse und Schwierigkeiten aus dem Wege zu räumen.

48. DIE AUFGABE DER PROPHETEN

Am Sonntag spricht er nach dem Nachtgebet über Verantwortung. »Die Propheten haben von allen Menschen die schwerste Aufgabe: Sie tragen, sie ertragen alles für alle Menschen. Und gibt es einen, der dafür nicht von den Menschen verfolgt worden ist!"

Bismillāh. – Der wichtigste Beruf, die schwerste Verantwortung, das ist der Job der Propheten und dann derer, die den Wegen der Propheten folgen. Die schwierigsten Aktionen und Situationen stellen sich den Propheten und denen, die auf den Wegen der Propheten sind. Die Propheten sind zugleich die am meisten geehrten Personen. Sie tragen die schwerste Verantwortung, und den Leuten wird in der göttlichen Gegenwart Ehre im Verhältnis zur Verantwortung gegeben. Sie sind wichtige Leute unter den Menschen, die wichtigsten. Als erster ist Sayyidinā Muḥammad geehrt, auf dem und dessen Familie Segen und Frieden seien. Das volle Leben ist nur mit den Propheten. Und je mehr es dir möglich ist, mit ihnen zu sein, um so mehr Kraft, Gerechtigkeit, Barmherzigkeit, um so mehr Licht kannst du, entsprechend deiner Verbindung, von ihnen bekommen. Wenn ihr mehr in ihrer Nähe seid, kommt auch mehr Segen. Und wer mit den Propheten lebt, der wird ein aufrichtiger Diener Gottes. Deshalb ist es für alle lebenden Menschen äußerst wichtig, mit Propheten zu sein. Als Muḥammad, Segen sei auf ihm, aus dieser Welt ging, bäumte sich die Erde auf und rief: „O mein Herr, bis heute trug ich immer einen von ihnen auf meinen Schultern, einen Propheten, einen Repräsentanten, ich war sein Diener. Aber diese Ehre habe ich heute verloren, nie wieder werde ich einen tragen wie ihn!" Doch Gott der Allmächtige sprach: „O

Erde, für die Ehre des einen Geliebten und um seinetwillen lasse Ich dich nicht alleine. Denn Ich bewahre für alle Nationen bis zum Ende der Tage hundertundvierundzwanzigtausend Heilige, auf derselben Stufe stehend wie die Propheten, und kleide jeden nach einem der Propheten. Und sie werden Repräsentanten des einen Geliebten sein. Ich lasse meine Gemeinschaft, Umma, nicht ohne die Ehre der Propheten. Hundertundvierundzwanzigtausend Diener werden es immer sein, so daß seine Nation mit allen Propheten lebt und mit dem, was auf sie als Segen kommt!"

Keine andere Nation ist jemals an soviel Ehre gekommen wie die Muḥammads, Allāh segne ihn und schenke ihm Heil. Sie leben mit hundertundvierundzwanzigtausend Propheten, und sie erreichen leichter das Ziel der göttlichen Gegenwart. Das ist eine Ehre, die uns ohne Fragen gegeben ist, ein Geschenk von Allāh. Und wir sind die glücklichsten Menschen, die glücklichste Nation, die glücklichste Umma. Die glücklichsten Menschen aller Zeiten sind wir, darüber, daß wir von Muḥammad sind, daß wir zu ihm gehören, Allāh segne ihn! Wir sind gesegnet von unserem Herrn. Es ist wichtig, diesen Punkt zu kennen, und der Großsheikh hat angewiesen, zu jeder Zeit fünfhundertmal *al ḥamdulillāh* zu sagen, daß wir von der Nation Muḥammads sind. Tue es wenigstens hundertmal am Tag, es gibt dir Erfrischung und Heilung von Depressionen. Ich weiß keine bessere Medizin.

Wir haben es nötig, spirituelle Praktiken anzuwenden. Die Propheten, der Friede sei auf ihnen, brachten immer zweierlei Nutzen, geistigen und körperlichen. Und die Propheten lehrten spirituelle Übungen verschiedener Stufen entsprechend dem, was die Menschen tragen konnten. Zuletzt brachte Muḥammad, der Friede sei auf ihm, unverwechselbare Gesetze für das spirituelle Sein, Wege, um leicht den Himmel zu erreichen.

Auf uns Menschen wirken jederzeit zwei verschiedenartige Kräfte ein, solche von außen und solche von innen. Beide verletzen und schädigen uns, und beide wirken unserer Entwicklung entgegen, physisch und spirituell. Eine der Kräfte, die den Menschen unentwegt daran hindert, gesund und rein zu sein, ist das

Ego, *nafs*. Es gehört zu unserer Natur und ist auf nichts als die Erfüllung seiner Wünsche und Begierden aus. Nur Fasten kann es beruhigen. Fasten zügelt es. Die erste Übung ist die des Fastens, wenn es gilt, es wieder unter Kontrolle zu bringen. Kontrolle ist nicht möglich ohne Fasten. Es dämpft Wünsche und Begierden. Und das zweite ist: Teufliche Macht hält unser spirituelles Sein davon ab, emporzusteigen, zum Himmel zu kommen. *Shaiṭān* versucht unablässig, jeden daran zu hindern, seinen Gottesdienst zu verrichten, zu beten. Es ist satanische Kraft von außen, sie tun ihr Schlechtestes, um das zu verhindern. Wenn jemand das Beten verliert, was ihn zum Himmel bringt, verliert er alles. Beten macht dich stärker. Jeder Prophet brachte so viele Methoden für die Völker. Die Methoden im Islam sind leicht und unverwechselbar, sie helfen dem Menschen, schlechte Eigenschaften abzulegen und zu guten zu kommen, zu göttlichen Attributen. Dazu bedarf es der Praxis, und niemand kann das von sich aus und für sich alleine machen. Du mußt jemandem gehorchen, der dich führt. Es sollte jemand sein, der es denen, die ihm folgen, leicht macht, sich auf dem Weg fortzubewegen. Jemand muß nach dir schauen und die Hindernisse aus dem Weg nehmen. Dein Sheikh kommt und nimmt es schnell weg. Du kannst es nicht alleine und brauchst Hilfe. Für sie ist es so leicht, und wenn ein anderes Hindernis kommt, nehmen sie es auch weg, und du entwickelst dich. Es sind keine Imitationen, bloße Abbilder können nichts für dich tun. Es sind Beauftragte. Es können Tausende und Millionen ihren Weg gehen, und er weiß genau, was vor ihnen ist, selbst wenn alle zur gleichen Zeit gehen und verschiedenartige Hindernisse haben. Er nimmt sie weg, bis sie soweit sind, daß sie selbst diese Hindernisse wegnehmen können. Satanische Hindernisse sind wie ein gigantischer Wall. Und die Hauptaufgabe oder die wichtigste Haltung, *adab*, für einen Schüler ist es, mit seinem Sheikh zu sein und ihn immer zu bewahren. Bei jeder Schwierigkeit guckt dieser nach ihm, ob er Hilfe braucht oder nach göttlicher Hilfe fragt. Und diese läuft immerzu über Muḥammad und die Heiligen, *auliyā'*, und sie heben diese Kraft nicht für sich selbst auf. Sie schauen und nehmen alles weg. Sei dir dessen bewußt, daß dein Sheikh immer mit dir ist und daß das genug ist, eine Lösung für dich zu bringen, geschlossene Gebiete zu öffnen und deine Hand zu nehmen beim Weg in Richtung auf den Himmel.

Jeder Prophet brachte andere Methoden, aber Sayyidinā Muḥammad, der Friede sei auf ihm, brachte solche, die für immer gelten. Diese können euch in Verbindung zum Himmel bringen. Nicht schubsen oder drängeln, es gibt nichts zu erzwingen! – Himmel sind Paradiese. Viele Heilige sind da, und sie sitzen mit uns, oder sie sitzen im Feuer in Wüsten oder auf Bergen, in Ozeanen, immer jedoch sitzen sie im Paradies. Nichts macht sie traurig, sie sind glücklich und immer vergnüglich. Alle Schwierigkeiten, Krankheiten können ihnen ihr Vergnügen nicht nehmen, nichts kann ihnen ihr Glück nehmen, wenn sie ihren Herrn erreicht haben und mit Ihm sind. Das ist eine großc Sache, es ist wie ein Stück Schnee im Feuer. Selbst wenn er alle Traurigkeit der Welt auf sich nehmen müßte, er nimmt sie, um die Leute glücklich zu machen. Im einem Augenblick gehen alle Dinge durch sein Herz. Alle Dinge verschwinden und kommen zur Ruhe. Dreihundertunddreizehn von ihnen breiten sich über der Erde aus. Wenn sie denken, sie laufen zur Ka'ba und zum Propheten, der Friede sei auf ihm, kommen sie doch auch hierher, weil ihr Vergnügen nicht vollständig ist, ohne hier gewesen zu sein. Denn Sayyidinā Muḥammad, der Friede sei auf ihm, spricht durch seine Stellvertreter.

50. DER DUFT DES PARADIESES

Die Propheten haben alle Nationen über die kommenden Ereignisse informiert. Auch Muḥammad, Allāh segne ihn und schenke ihm Heil, sagte etwas über die kommenden Ereignisse, über die Zukunft bis zum letzten Tag und über den Tag des Gerichts und das, was danach kommt. Er wußte, daß das Dinge sind, die die Fassungskraft des menschlichen Verstandes übersteigen und daß es unmöglich ist, alles zu wissen. Keiner könnte das tragen. Die Propheten wenden sich aber an die Herzen der Leute. Wenn die Herzen verstehen, folgt der Verstand, nicht aber folgt das Herz dem Verstand. Der Verstand ist ein Großwesir, das letzte Wort aber hat das Herz. Das Herz kann alles wissen, tragen und bewahren vom Anfang bis zum Ende der Zeit. Ein Herz trägt alles, und es gibt keine Begrenzung für göttliches Wissen, keine Grenze für Allāhs Wissen. Die Propheten können uns durch ein Wort oder einen Satz Ozeane öffnen. Es gibt Länder mit großen Rosengärten und Millionen von Rosen. Sie sammeln und machen daraus Tropfen von Rosenparfüm. Große Mengen Rosen brauchen wir für einen Tropfen. Allāh arrangiert das Leben auf diese Weise. Wissen sammeln wir gewöhnlich von Kindesbeinen an. Erreichst du Perfektion, nimmst du die Essenz von diesem Wissens. Sayyidinā ʻĀlī, möge Allāh mit ihm zufrieden sein, sagte einmal, Gott belohne alle *Ulemas*, Gelehrten. Unzählige Bücher schrieben sie, aber es ist nur ein Tropfen der Essenz von einem Punkt, und alle stammen aus einem Samen, der Essenz des Wissens. Wir versuchen jeden Tag, bei unseren Treffen in der Gemeinschaft mit der Hoffnung etwas zu sagen, auf daß einige von uns diese Essenz erreichen. Und alle Großsheikhs gaben die Essenz, selbst wenn es nur einen ihrer Schüler erreichte. Wenn einer das nehmen konnte, dann gaben sie ihr Bestes. Sie geben es nur jemandem, der zuverlässig und treu und fähig ist, diese Essenz zu bewahren. Denn sie gibt allen Leben und ist genug für die ganze Nation, ist Essenz des Lebens. Der Prophet, der Friede sei auf ihm, gab es Abū Bakr ins Herz, mit dem Allāh zufrieden sei. Es kann ein Tropfen sein, aber es ist genug für die ganze Menschheit. In einem Tropfen ist die ganze Menschheit enthalten, und er kleidet dich mit *nūr*, Licht. Es wechselt alles in dir. Seid nicht Imitationen, seid wirklich! Jetzt seid ihr Imitationen, aber ihr sollt „Wirkliche" werden. Wir sind wie Schatten, und das physische Leben läuft auf Batteriebetrieb. Das andere bringt dich in wirkliche Verbindung mit dir selbst. Du siehst zwar außen noch genauso aus wie vorher, aber innen ist es gewandelt. Alle Propheten bewirken das durch ihre Aktivität. Alle Großsheikhs arbeiten an diesem Punkt, und wir brauchen es jetzt und später. Tag für Tag kommt dann eine Entwicklung. Selbst im Paradies ist es ein stetes Öffnen, immer neu, immer neue Sichten und größere Vollkommenheit. Das ist die Süße des vollen Lebens im Paradies, es wird alles schöner, mehr Freude. Das, was wir bekamen, ist nicht verloren, es wird dazugezählt, es wird nur mehr, bekommt einen neuen Geschmack. Wir werden nicht die vergangenen Dinge vermissen, die Vergangenheit ist dann auch gegenwärtig und nicht vergangen. Es vergeht nur jetzt. Tage vergehen, Vergnügen vergehen, alles kommt und geht. Aber im Paradies ist die Vergangenheit Gegenwart. Alles, was du kostest, schmeckst, fühlst, ist mit dir, du verlierst nichts, es wird nur dazugezählt. Was du jetzt kostest, geht weg, das ist nachgeahmtes Leben. Großsheikh sagt, die Dinge, die du in diesem Leben kostest, sind nichts. Den Geschmack des Paradieses aber zu tragen, ist dir jetzt nicht möglich. Wenn du im Paradies eine Olive ißt, hast du vierzig Tage köstlichen Geschmack. Ein Tropfen dieser Essenz von richtigem Glauben nährt deinen Glauben. Und alle Propheten verstehen, was die Bedeutung des Lebens ist. Sie sorgen sich daher nicht um dieses Leben. Sie leben in Wüsten und unter Bäumen, in Ruinen, auf Bergen, und sie jagen dem wirklichen Leben nach. Und gerade jetzt versuchen auch wir, diese Essenz zu erreichen, die Essenz der Heiligen. Das ist unser Anliegen. Wenn einer geht, gibt er es dem anderen, daß er weitermacht. Viele haben Rosen, aber kein Parfüm. Aber selbst ein Korb Rosen reicht nicht zur Gewinnung der Essenz. Großsheikhs sind die Essenz der Rosengärten. Das ist der Grund, warum sie auf die Menschen anziehend wirken. Der Duft dieser Essenz erreicht den Osten und den Westen. *Inshā'allāh* erreichen wir das Paradies.«

51. SEID MIT DEN GUTEN

OBWOHL WIR UNS an die nächtlichen Ansprachen im Anschluß an das Nachtgebet in der kleinen Moschee in Lefke schon gewöhnt hatten und uns nichts wichtiger war, als möglichst viel von diesen eigentümlichen Gotteslektionen zu hören, hatten wir doch nun die Sehnsucht verspürt, nach Hause zu kommen. Die Hoffnung auf eine baldige Rückfahrt wurde auch dieses Mal auf eine harte Probe gestellt, als Bruder Shamsuddīn, der für den Bus Verantwortliche, Mitteilung machte, daß es vielleicht doch besser sei, den Bus noch gründlicher zu reparieren. Salīm regte sich darüber so auf, daß ihm Sheikh gegenüber die Bemerkung entfuhr, der Bus sei ja schon fast wie ein Mensch, mal wolle er und mal wolle er nicht, was das denn sei! Derselbe werde täglich verschieden, erst als fahrtauglich, dann als reparaturbedürftig beurteilt. „Das ist doch nicht der Bus, der sich ändert, sondern nur die Ansicht dessen, der es beurteilt.“ Sheikh gibt uns daraufhin zu verstehen, daß wir *inshā'allāh* bald fahren könnten. Doch daraus wurde nichts.

Denn in der Nacht sollte sich Großsheikh 'Abdullāh beim Sheikh im Traume melden und ihn anweisen, uns noch einige weitere Tage dazubehalten. Als Sheikh uns diese Neuigkeit am nächsten Morgen mitteilte, waren wir enttäuscht und froh zugleich. Sicher hatte unser Sheikh uns noch Wichtiges zu sagen. Im Rückblick wurde klar, daß, wären wir früher abgereist, wir die vielleicht wichtigsten Lektionen unseres Lebens verpaßt hätten.

Meinem Tagebuch vertraute ich an, was ich behalten hatte, wichtige Merksätze und Geschichten, die einen so wunderbaren Geschmack haben und das Herz erfrischen.

Sheikh hatte davon gesprochen, daß man die Guten imitieren müsse. Wenn du versuchst, es ihnen nachzumachen, wird es dir Ehre geben und Wert bei Allāh. Sayyidinā Mūsā, Moses, der Friede sei mit ihm, hatte sich einmal auf dem Berge Sinai bei

Allāh beschwert und gesagt: „O Herr, da ist ein Diener von deinen Dienern beim Pharao, der ahmt mich nach, und die Leute lachen darüber." Moses war voller Zorn gewesen. Gott aber sprach: „Das macht doch nichts, er imitiert ja dich und keinen Schlechten. Sei nicht betrübt, er ahmt doch einen Guten nach – dich!" Versuche deshalb, wie die Guten zu sein. Das ist wichtig und lieblich in der göttlichen Gegenwart. Nun sitzt ihr wie beim Großsheikh, auch wenn ihr weit davon entfernt seid, und ich sage: „O Herr, wir versuchen, Gute zu sein, und wir sehen aus wie Propheten, wie Gute, wir werden es schwer schaffen, unsere schlechten Eigenschaften in gute zu verwandeln. O mein Herr, endlose Preisungen Dir."

Und Sheikh riet uns, mehr darum zu bitten, Schutz von Allāh gegen das Ego und Shaiṭān zu bekommen.

»Göttlicher Schutz kommt vom Propheten und von den *Auliyā'*, durch diese Guten. Wenn du so einen findest, kommt Schutz zu dir. „Meine Diener", sagt Gott, „sind mit meinen Dienern". Wenn dein Gewissen sagt, das ist ein Guter für mich, nimm ihn! Wenn du die gute Absicht hast und glaubst, daß es ein Guter ist, sei mit ihm. Ist er es aber nicht, dann wird Allāh ihn zu einem Guten für dich machen, wenn du demütig genug bist. Aber dein Ego mag es nicht, daß einer besser ist als du. Wenn du dich demütig machst, kommt alles zu dir, und dein Ego wird einverstanden sein, daß du zu einem Guten siehst.

Das beste Ziel ist es, von den Menschen Allāhs zu sein. Am Tag des Gerichts wird Allāh sagen: „O Leute, wer gehört zu mir? Die für mich auf die eine Seite, und die andern auf die Seite von Shaiṭān!" Es ist nicht wichtig, Geschäftsmann zu sein oder der Reichste oder den höchsten Rang zu haben, Präsident zu sein, Kommandant, General, VIP, Helmut Kohl. Wenn dein Name auf der Seite Allāhs geschrieben ist, das ist das Glück. „Im Himmel sind die Armen in der Mehrzahl", sagt Muḥammad, Allāh segne ihn und schenke ihm Heil, „in der Hölle die Reichen". Menschen, die Barmherzigkeit üben und rein sind und Almosen geben, bekommen von Allāh.

Wir sind wie in einer riesigen Wüste. Es ist keine Linie da, du weißt nicht, in welche Richtung du gehen sollst, es endet nicht. Alle sind wie Törichte, Durchgedrehte, die in der Wüste sind ohne Wasser, und einige sagen: „Diese Richtung!“, die anderen: „Nein, die andere Richtung!“ Sie kämpfen, aber es ist nutzlos, denn sie sind alle auf derselben Stufe und haben denselben Horizont. Das läßt sie keine Lösung ihrer Probleme finden. Wir bitten Gott deshalb, daß er uns Führung senden möge wie die Propheten, besonders Muḥammad, Allāh segne ihn und schenke ihm Heil. Die Menschen haben es nötig, geführt zu werden, Moses, Jesus, Buddha, alle sind Diener des Gepriesenen, sie sagen, wir sind nicht genug für die Menschheit, vielleicht war es so in unseren Tagen, aber heute nicht.

Am Beginn des zwanzigsten Jahrhunderts wird es keine Menschlichkeit mehr geben auf der Erde, das ist das größte Problem. Die Menschheit hat ihren Wert verloren und verliert ihn täglich mehr. Wert kann nur zurückkommen, wenn der Mensch ein Zentrum von Wert findet. Die Erben der Propheten können dir diesen Wert geben. Ich habe Scheu, das zu sagen: Aber sie haben ihren Wert verloren, und keiner weiß, wie sie ihn wieder erreichen können, deshalb wandern sie durch Wüsten, haben an nichts Interesse und sind mit Sinnlosem besetzt und verschwenden so ihr Leben. Wir bitten darum, den verlorenen Wert wiederzufinden. Möge Allāh uns vergeben.«

Nach dem Donnerstags-*dikr* und dem Freitagsgebet in Girne werden wir in ein „Islamisches Feriendorf“ zum Badeurlaub geschickt. Kostenfrei wohnen wir dort in sehr schönen neugebauten Bungalows und vertreiben uns die Zeit mit Faulenzen und Schwimmen. Zu mehreren Frauen gehen wir an eine ruhige, einsame Bucht des blauen Mittelmeeres. Wir gleiten ins erfrischende Naß und lassen uns auf dem Wasser treiben. Es ist ein lustiges Bild: Da auf dem Wasser schwimmen ein paar rote, golden glänzende Farbtupfer – wir Frauen hatten uns die Haare mit Henna gefärbt: das waren wir. Und ich blinzele in die Sonne und denke an nichts. Nach dem kurzen aber genußreichen Badewochenende im islamischen Camp wurde die Reihe der Vorträge in Lefke noch einmal fortgesetzt. Und es galt aufzupassen, die Ohren zu spitzen, hatten wir doch auch den Zuhausegebliebenen gegenüber eine Verpflichtung, ihnen weiterzugeben, was Sheikh gesagt hatte. Sicher würden sie es wissen wollen. Er sagte:

»Jeder Tag enthält Millionen von Ereignissen. Wenn der Tag da ist, erscheinen sie und verschwinden dann. Eines Tages waren sie auf der Warteliste, aber verschwanden. Nun sind noch viele, die auf morgen warten, es werden große schreckliche Ereignisse kommen, die letzten Tage dieser Welt. Seit unterrichtet und schaut. Es ist eine Kraft, eine Macht, die Allāh den Gläubigen verleiht, alles zu verstehen. Nichts ist fixiert, alles bewegt sich, jeder Tag ist schwanger von Millionen von Ereignissen, abends endet er, und der nächste Tag wartet. Und am nächsten Tag müssen wir auf jedes Ereignis schauen, wie es kommt, wohin es geht, welchen Einfluß es auf unser Leben hat, mit welcher Absicht es kommt, auf welchem Weg sie mit uns und um uns sind. Alle Ereignisse haben Einfluß auf die Leute, positiv oder negativ. Du mußt versuchen, von allem das Positive für dein spirituelles Leben zu nehmen. Alles hilft dir, und die Ereignisse sind meistens nicht so, wie wir es erwarten oder mögen. Meistens sind die Ereignisse gerade das Gegenteil von dem, was wir wünschen, und alles, was gegenteilig ist, gibt dem Glauben im Grunde mehr Kraft. Alles, was einfach ist, ohne Problem, kann dem Glauben keine Kraft geben. Aber Schwierigkeiten geben Kraft. Jeden Tag, jede Woche, jedes Jahr kommen mehr schwierige Ereignisse, nur um euren Glauben zu stärken, so daß ihr fähig werdet, dem Übel und den Teufeln zu trotzen, die uns bedrängen. Und wir sagen nur: „O unser Herr, jedes Ereignis kommt gerade mit deiner Anordnung, mit Deiner Weisheit, Deinem Willen und Deinem Wissen. Laß mich nicht dagegen sein, sondern einverstanden und Deines Willens sein. Und nichts geschieht ohne Deinen Willen.“ Alles kommt zu einem Ende, und wir sehen danach. Wir bitten darum, erfolgreich und gesegnet und am Ende unseres Lebens in Zufriedenheit zu sein. Und die Leute sagen: „Sie lächelte, als

Sheikh Muḥammad Nāẓim Adl al-Ḥaqqānī an-Naqshband

sie tot war." Bei einigen erscheint dieses Glück auf ihren Gesichtern, wenn sie tot sind. Deshalb bitten wir um ein gutes Ende. Der Weg dahin ist nur, mit dem göttlichen Willen einverstanden zu sein. Dann ist für uns keine Dunkelheit mehr.

Bewahrt die Nähe zu den Freunden Allāhs, durch den Herzenskontakt bist du in Sicherheit. Renne hinter nichts her als den Freunden Allāhs. Die Freunde Allāhs sind barmherzig und Quellen für die ganze Menschheit. Und wenn du keine lebenden Heiligen findest, dann suche sie in den Gräbern auf, laufe zu ihnen. Sei ruhig und still in ihrer Gegenwart, sie verstehen schnell, was du brauchst, ohne daß du redest, wenn du ihnen dein Herz ausschüttest. Lege dein Herz vor sie und setze dich ihnen gegenüber von Angesicht zu Angesicht. Selbst wenn du dein Augenlicht verlierst und bist vor ihrem Angesicht, so siehst du ihre himmlische Kleidung. Und der Diener sitzt in einem Ozean göttlicher Attribute. Selbst wenn du ihnen nur in der Vorstellung von Angesicht zu Angesicht gegenübersitzt, kommt durch göttliche Fähigkeit etwas zu dir. Gott gebe dir, einen Freund Allāhs zu finden! Denn Gott sagt: „Ein jeder, der Meinen Freunden ein Freund ist, ist mit Mir." Sei in Verbindung mit ihnen. Großsheikh ʻAbdullāh, möge Allāh mit ihm zufrieden sein, sagte jedem Besucher: „O Diener meines Herrn, ich versuche, dich nicht zu vergessen, und du versuche, mich nicht zu vergessen." Sie werden dich nie verlassen.

Ihr werdet vom Ḥajj heimkommen und das Haus nicht so vorfinden, wie ihr es verlassen habt. Seid geduldig, und soviel ihr geduldig seid, wird Allāh euch geben. Seid friedlich, zeigt nicht eure schlechten Eigenschaften. Seid gelassen, und Vertrauen wird zu euch kommen, wenn der Weg steiler wird, weil es euch dann leichter vorkommt. Ist es leichter, wird euch auch Leichtes umgeben. Seid ihr unnachgiebig, kommt Härte zu euch. Seid keine Unruhestifter. Sieh darauf, was dein Herr von dir will! Heile deine Krankheit mit Ṣadaqa und schütze deinen Besitz mit Zakat.

Die Werte, die wir behalten sollen, mögen über uns kommen, uns wie ein sauberes schönes Gewand bedecken. Sie sollen uns bekleiden und uns von außen erkennbar machen. Möge Allāh uns vergeben...«

Große Verabschiedung von Sheikh Nāẓim. Wenn er nicht einen Mopedjungen vorgeschickt hätte, den Fahrer der lokalen Buslinie aufzuhalten, hätte sich unsere Heimfahrt noch einmal verzögert, denn wir hätten die Fähre verpaßt, die uns zu unserem Bus bringen sollte, der in Mersin auf dem Festland auf uns wartete. Wir wären wieder an den Frühstückstisch zurückgekehrt, wären dageblieben, wo wir eigentlich zu Hause sind. Doch wir müssen gehen. Verabschiedung, Grüße von dem an den, und Nachricht von ihr an ihn und Segenswünsche an alle Schwestern und Brüder zu Hause. Jetzt soll es zurück nach Deutschland gehen! Nach Hause in die Diaspora? Da steht Sheikh Nāẓim an der Tür und verabschiedet jeden einzeln. Wir küssen ihm nach der Sitte die Hand und berühren ihren Rücken mit der Stirn. Er trägt einen Ring mit einem eingefaßten Stein. Diese Hand zu küssen, ist für manche, wie den Schwarzen Stein an der Ka'ba zu küssen. Wer es dort nicht geschafft hat, kann es hier nachholen. Ein letzter Blick zurück auf die Ka'ba, die uns überstrahlt, solange wir leben werden. Ein letztes Winken, *as-salāmu alaikum wa rahmatullāhi wa barakatuhu.*

Und preis sei Gott, dem Herrn der Welten, dem Gnädigen und Barmherzigen. Dem König am Tage des Gerichts. Dir dienen wir und Dich bitten wir: Führe uns den geraden Weg. Den Weg derer, denen Du gewogen bist, nicht derer, denen Du zürnst, und nicht der Irrenden. Und wir bitten für die Ehre des Propheten Muḥammad, Segen und Frieden auf ihn und seine Familie. Und für die Seelen seiner Brüder und Gefährten unter den Propheten und Gesandten und der Wächter der Scharia und der vier Imame, und für die Seelen unserer Sheikhs der ehrenwerten Ṭarīqati n-Naqshbandiyya, besonders für die Seele des Imams der Ṭarīqat Shah Bahauddīn Naqshband Muḥammad Uwais il-Bukharī, und für die des Sulṭān il-Auliyā' Sheikh 'Abdullāh Fā'iz ad-Daghistānī und des Lehrers unserer Lehrer 'Abdul Khalik-al Khūdjduwānī – al Fātiḥa. Amin.

Literatur:

Amina Adil: *Gaben des Lichts. Geschichten aus dem Leben der Propheten*, übersetzt von Radhia Shukrullah, Gorski & Spohr, Bonndorf 1998.

Amina Adil: *Über die Heiligen Monate Rajab, Sha'ban, Ramadan, das Fasten, das Gebet und mancherlei mehr*, Gorski & Spohr, Bonndorf 1997.

Hamza Kaidi u. a.: *Mekka und Medina in Farbe*, Les éd. Jeune Afrique, Paris 1982.

Der Koran. Reclam, Stuttgart 1960.

Scheich Muzaffer Ozak: *Die gesegnete Jungfrau Maria im Islam*. Institut für Islamstudien, Trebbus 1995.

Annemarie Schimmel: *Dein Wille geschehe. Die schönsten islamischen Gebete*. Gorski & Spohr, 3. Aufl., Bonndorf 1995.

Charles Upton: *Doorkeeper of the Heart, Versions of Rabi'a*, Threshold Books, Putney, Vermont 1988.

Philippe de Vos: *La Genèse de la Sagesse ou la chaîne initiatique chez les Maîtres Soufis*, Éd. Dervy, Paris 1995.

Sohbets von Sheikh Nāẓim, Sheikh Hishām und Sheikh Hussein unter Mithilfe von Dr. Nasser Srour.

Bildnachweis:

Cover: 'Umar H. Anton.

Vorsatz: Ausschnitt Landkarte aus *Johann Ludwig Burckhardt's Reisen in Arabien*, Verlag des Großh. Sächs. pr. Landes-Industrie-Comptoirs, Weimar 1830, Anhang.

S. 22, 27, 39, 41, 43, 50, 51, 65, 80, 89, 117, 135, 136, 143, 147, 163, 175: 'Umar H. Anton.

S. 80, 143: Umar T. Köhn.

S. 69, 74, 111: Dr. Maḥmud Bodo Rasch.

S. 149, 163: 'Imrān J. Schroeter.

S. 191: Ihlās Akhlis Abbis.

S. 44, 61, 169: Archiv Gorski & Spohr Verlag.

Amina Adil
Gaben des Lichts. Geschichten aus dem Leben der Propheten
Aus dem Türkischen von Radhia Shukrullah
Mit einer Einführung von Prof. Dr. Jürgen Paul
1998. 720 Seiten, Festband, ca. DM 40,-
ISBN 3-927606-17-0

Gaben des Lichts: Die in der *osmanischen Tradition* bewahrten und hier erstmals dem deutschsprachigen Leserkreis zugänglich gemachten Berichte aus dem Leben der Propheten von Adam bis Jesus – gut dreißig an der Zahl – könnten allein ihrer Unmittelbarkeit und sprachlichen Frische wegen geliebt werden. Der Sache nach sind sie zugleich Zeugnisse von Ereignissen, die der allmächtige Gott an den Propheten hat geschehen lassen, Beispiele Seiner Barmherzigkeit, den Bemerkenswertesten unter Seinen Geschöpfen und uns allen als Vermächtnis geschickt: kleine und große, erschreckende und beglückende Dinge, die in ihrer herzstärkenden, Weisheit und Liebe befördernden Kraft von zeitloser Geltung sind. Daß bestimmte Prophezeihungen über unsere Zeit und die Zeichen ihres Endes dabei auch hochaktuell sind, macht zugleich die Brisanz dieses herrlichen Schatzes aus. Der stattliche Band mit 720 Seiten soll in wohlfeiler Ausgabe zu einem günstigen Preis im Herbst dieses Jahres erscheinen.

Ibn Isḥāq
Das Leben des Propheten
Aus dem Arabischen übertragen und bearbeitet von Prof. Gernot Rotter
Mit arabischen Kapitelüberschriften, Anmerkungen, Namensregister, Bibliographie und Landkarte. 1998. 320 Seiten, geb., ca.DM 40,-
ISBN 3-927606-22-7

Seit mehreren Jahren vergriffen, blieb dieser Klassiker des Morgenlandes ein absolutes Desiderat, gilt die Beschreibung des Lebens des Propheten Muḥammad, auf ihm der Friede, von Ibn Isḥāq doch als die erste und gründlichste unter den Biographien. Wir freuen uns, dem Leser dieses Werk in einer gänzlich überarbeiteten Fassung noch bis zum Herbst in einer gediegenen Ausgabe wieder zugänglich zu machen. Zugleich kündigen wir an, daß die deutsche Ausgabe der zeitgenössischen Biographie von Dr. Martin Lings *Muḥammad. Sein Leben nach den ältesten Quellen* im kommenden Jahr bei uns erscheinen soll, eines der schönsten Bücher, die im Islam überhaupt geschrieben worden sind. Und allen, die wissen wollen, was es mit dem Islam auf sich habe, können wir mit Blick auf diese Werke sagen: „Disputiert nicht mit den Theologen, denn wo man disputiert, bleiben die Herzen kalt, sondern genießt das herrliche Leben dieses wunderbaren Mannes, der Segen sei auf ihm."

AMINA ADIL
Über die Heiligen Monate
Rajab, Shaʿban, Ramadan, das Fasten,
das Gebet und mancherlei mehr
1997. 80 S., Br., DM 12,80
ISBN 3-927606-18-9

ANNEMARIE SCHIMMEL
Dein Wille geschehe
Die schönsten islamischen Gebete
3. Aufl. 1995. 128 S.,
8 Kalligraphien, Br., DM 22,80
ISBN 3-927606-08-1

Das Barnabas-Evangelium
Wahres Evangelium Jesu, genannt
Christus, eines neuen Propheten, von Gott
der Welt gesandt gemäß dem Bericht des
Barnabas, seines Apostels
1994. 320 S., Frontispiz, Ln., DM 58,-
ISBN 3-927606-02-2

FREDY BOLLAG
Der Name Allah und die Zahl 66
Die Symbolik der Buchstaben und Zahlen
als Grundlage islamischer Gottesweisheit
1996. 240 S., zahlr. Tab. und Abb.,
8 farb. Meditationstafeln,
Festband, Leinen, DM 68,-
ISBN 3-927606-06-5

ABDULLAH HALIS
Die Visionen
des Aynali Baba
Osmanische Erzählung nach
Schahbenderzadeh Ahmet Hilmi
1995. 192 S., Br., DM 29,80
ISBN 3-927606-07-3

ʿABDULLĀH AD-DAGHISTANI
Der Naqschibandi-Weg
Ein Führungsbuch für die
geistige Entwicklung.
Mit einer Einleitung und
Kommentaren
von Scheich Nāẓim
1995. 72 S. Br., DM 16,80
ISBN 3-927606-16-2

SCHEICH NĀẒIM
Islam – die Freiheit der Dienenden
1995. 80 S. Br., DM 19,80
ISBN 3-927606-14-6

SHEIKH NĀẒIM
Islam – The Freedom To Serve
Suhbats, Aphorisms
and Stories
1997. 91 S., Br., DM 16,80
ISBN 3-927606-15-4

Verlag Gorski & Spohr
Bonndorf im Schwarzwald

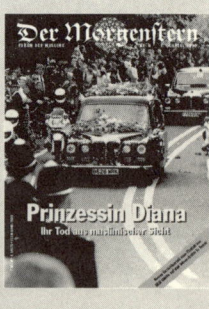

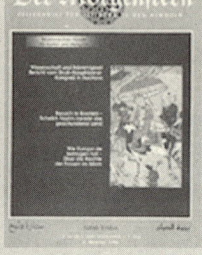

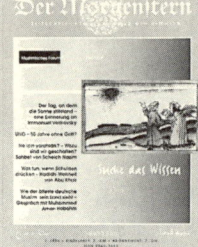

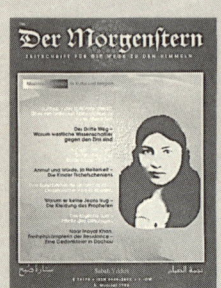

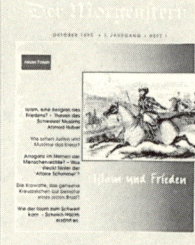

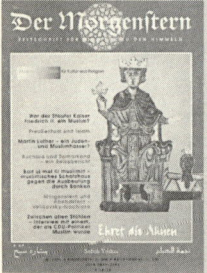

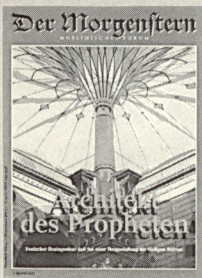

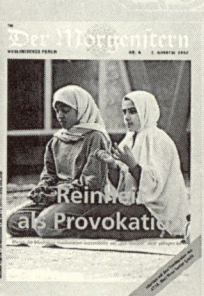

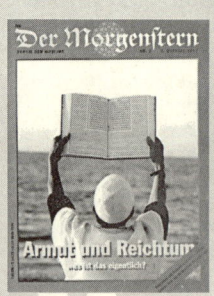

Akhahar
Hedjer
Teyme
Selma
Ala
Kalat Ezlam
Khaibar
El Astabel
Hadi al Kora
Rahba
Kalat el Wodjeh
El Hank
Mor
Akra
Suaida
El Houra oder Dar el Ashrayn
Byr Rasheyd Brunnen
MEDINA
Wady el Fereyš
Hassani
Nabt
Ebene von el Nazye
El Khayf
Mokad
El Kharma
El Khedheyra
Szafra
El Waset
Souk es Szafra
Djeyda
Wady Zogag
Bedr
Bir es Sheikh
Ras el Nashef
Djebel Ayoub
Job's Moun.
Berenice
Mastoura
Brunnen
El Rabegh
Kolleya oder Kobey
Theniyet Kholeys
Kholeys
Bir Asfan
Ras Hatiba
Sebyl el Kara
Ebene von Kara
Kahwet Salem
Hadda
DJIDDA
C. Calmez
Salaka
Mirza Sheik
Mirza Dorhoor